中国盐业考古与盐业文明

丛书主编◎李水城

中国盐业考古

李水城 著

西南交通大学出版社
· 成 都 ·

图书在版编目（CIP）数据

中国盐业考古 / 李水城著. —成都：西南交通大学出版社，2019.10（2022.11）
（中国盐业考古与盐业文明）
国家出版基金项目
ISBN 978-7-5643-6702-2

Ⅰ. ①中… Ⅱ. ①李… Ⅲ. ①盐业史–研究–中国 Ⅳ. ①F426.89

中国版本图书馆 CIP 数据核字（2018）第 290695 号

国家出版基金项目
中国盐业考古与盐业文明
Zhongguo Yanye Kaogu

中国盐业考古

李水城　著

出　版　人	阳　晓
责　任　编　辑	杨岳峰
助　理　编　辑	叶瑞丰
封　面　设　计	原谋书装
出　版　发　行	西南交通大学出版社 （四川省成都市金牛区二环路北一段 111 号 西南交通大学创新大厦 21 楼）
发行部电话	028-87600564　028-87600533
邮　政　编　码	610031
网　　　址	http://www.xnjdcbs.com
印　　　刷	成都市金雅迪彩色印刷有限公司
成　品　尺　寸	170 mm × 240 mm
印　　　张	30.75
字　　　数	548 千
版　　　次	2019 年 10 月第 1 版
印　　　次	2022 年 11 月第 2 次
书　　　号	ISBN 978-7-5643-6702-2
定　　　价	128.00 元

审图号：GS（2019）2184 号
图书如有印装质量问题　本社负责退换
版权所有　盗版必究　举报电话：028-87600562

中国盐业考古与盐业文明
丛书编委会

主编　李水城

编委　（以姓氏笔画为序）

　　　王子今　李小波

　　　李何春　赵　逵

总序

2016年，我和北京大学中文系李零教授向国家出版基金办公室推荐了"中国盐业考古与盐业文明"丛书出版项目。这套学术著作包括：《中国盐业考古》（李水城，北京大学）、《秦汉盐史论稿》（王子今，中国人民大学）、《长江上游古代盐业开发与城镇景观研究》（李小波，四川师范大学）、《中国古代盐道》（赵逵、张晓莉，华中科技大学）、《滇藏地区的盐业与地方文明》（李何春，云南民族大学）。以上学术著作分别从考古学与民族志、历史学与古文献学、交通史、历史地理学、文化线路、文化人类学的不同视角对中国古代的制盐遗址、制盐工艺与技术、盐政以及与盐有关的贸易通道、城镇发展、盐产区的景观环境和文化习俗等进行了广泛、深入的研究，可以说是全方位地对中国盐业发展的历史和研究做了系统展示。最近，这套学术著作即将出版，这无论是对学术界还是对出版界都是一件值得庆贺的喜事，借此机会表示衷心的祝贺！

盐是人类日常生活的必需品，看似极为普通，却是维系地球生命繁衍生存的重要元素，其作用就如同空气、粮食和水一样。食盐的主要成分为氯化钠。盐的重要性在于它能够保障人体的新陈代谢、血液循环，增强神经和肌肉的兴奋性，还能调节体内酸碱平衡，使血压维持正常。可见，盐对人的生存和健康是何等重要！

盐的重要性还在于它关乎国计民生，盐税在历史上曾是国家财政的支柱和赋税的重要来源。因此，中国历朝历代都将盐当作战略资源来掌控。先秦时期，齐国的"管仲相桓公，霸诸侯，一匡天下"（《论语·宪问》）；汉昭帝时，组织召开了一场关于盐铁专卖政策的大讨论，即著名的盐铁会议，最终朝廷将盐、铁视为国家的经济支柱；盛唐一代，盐税几占国家财政总收入的一半；宋代以后，朝廷更是将盐税全部收归国有。由此不难看出，"盐"对一个王朝、一个国家的政权稳固和社会安定是多么重要，无怪乎中国古人很早就将盐视为"国之大宝"。

中国古人开采过池盐、井盐、海盐和岩盐。传说古代山东沿海的"宿沙氏煮海为盐"，有说宿沙氏为黄帝臣，也有说是炎帝的诸侯。总之，早在新石器时代人们就知道采卤制盐了。四川出土的汉代画像砖就有开采井盐的生动画面。但过去传统研究盐史和盐文化主要依靠文献记载，多有局限。盐业考古是我国近些年来才有计划地开展起来的新领域。较早的工作从长江三峡起步，特别是对重庆忠县中坝遗址的考古发掘。接下来在黄河三角洲的莱州湾地区发现了大量熬煮海盐的遗迹，数量超过700处，规模巨大。此后，又在全国其他地方陆续调查发现不少制盐遗址。以上工作的绝大部分是在北京大学考古系李水城教授的主持下进行的。其中，有些是与国外学者合作的，有些是与相关学科的科技工作者协作开展的，可谓国际合作和多学科协作的成功典范。李水城教授和美国加州大学的罗泰（Lothar von Falkenhausen）教授还在此基础上主编出版了几部中国盐业考古文集，并在《南方文物》开设"盐业考古"专栏，向学术界和公众介绍中国盐业考古的发现和研究，所取得的诸多成果已引起国内外学术界的广泛关注和高度评价。由此也显示出盐业考古是个非常具有潜力的新兴研究领域。

以李水城教授为代表的一批学者不仅迅速填补了中国盐业考古的长期空白，在中国考古学中建立起盐业考古这一分支学科，还极大地推进了中国盐业史和盐文化的研究。在即将出版的"中国盐业考古与盐业文明"这套丛书中，李水城所著《中国盐业考古》一书不但对中国的盐业考古做了全面介绍，同时还介绍了欧美与亚非拉等地的盐业考古情况以及有关的人类学调查研究，视野广阔，为比较研究提供了大量资料。

我是做考古研究的，难免对盐业考古说的话比较多。其他几部书的内容也非常的丰富多彩，涉及盐史、盐文化和文化遗产的方方面面，有些领域我不是很熟悉，就不赘述了。相信这套著作的出版，必将对中国盐业史、盐业考古乃至中国经济发展史、科技史和文化史的研究起到积极的推动作用。

2019 年 5 月 10 日

自序

曾不断有朋友问我，你怎么会想起研究盐了？确实，这远远超出我做史前考古的研究范畴，有点跨界。但我喜欢挑战，在北大任教后，也不断接受挑战，从开创文化人类学课程到讲授农业起源与动物驯化，从参与环境考古、冶金考古再到盐业考古，莫不如此。相较于那些主干基础课，创建和讲授这些课程要付出多几倍的时间和精力，且费力未必讨好。但是为了开阔学生的眼界、拓展学生的知识面，作为教师，何乐而不为！

不过，话说回来，我和盐业考古或许还真有点缘。

1982年毕业后，我被分配到四川大学工作，后因缘巧合去了四川省博物馆。很快，馆里要修改《四川通史》陈列，由我负责先秦部分。那时四川境内发现的新石器时代遗址很少，展品中有两件早年在忠县𣵽井沟口采集的羊角尖底杯，这种器物很难摆放，也不明用途。为此请教馆内老先生，答曰这是造盐的。问怎么造？说是倒入卤水，插在江边沙滩上日晒即可。这个解释让我懵懵懂懂……一晃三年后，我又回到北大。冥冥之中似乎有只看不见的手，将我拉扯到尖底杯的老家——长江三峡境内的忠县。

20世纪90年代初，国家上马三峡工程，淹没区的地下文物保护迫在眉睫。1993年年底，我随宿白、李伯谦两位先生参加国家文物局召开的三峡水库淹没区地下文物保护发掘工作会议，按照事先安排，北京大学需承接巫山、巫溪两县的工作，为此宿白先生特意叮嘱我去中国人民大学查阅巫山县志，那里有最好的版本。可我觉得北大很难同时承担两个县的工作，而且连续要干十年，工作量巨大，届时将很难操作。我在会上了解到四川省的底牌后，经努力协商争取到忠县一地的任务，这也为盐业考古留下了伏笔。

1994年年初，我带领北大三峡考古队前往忠县，住在𣵽井沟口的忠县中学。河对面就是出土尖底杯的哨棚嘴和瓦渣地遗址。那年我和学生们在长江边挖掘了一批史前至明清时期的遗址，多次往返㵦井河谷调查中坝遗址，注意到这里的遗址有一些非常奇怪的埋藏现象。考虑到忠县历史上以产盐著称，当地还保留一批古盐井，可以想见其中一些遗址与制盐有关，后来我们将这一想法写入了论证报告，由此也埋下了盐业考古的"种子"。

1996年李伯谦老师访问台湾，见到美国加州大学的罗泰教授，他提出与北京大学合作考古的希望，李老师让他和我商量。我给了他三个选题，其中之一是三峡地区的古代盐业，没想到这正中他下怀。1999年年初，中美合作"成都平原及周边地区古代盐业的景观考古学研究"项目得到中国政府批准，我们随即组队前往成都平原和三峡地区考察，拉开了中国盐业考古的序幕。这年年底，北京大学派员参加四川考古机构在中坝遗址的发掘，至2002年结束。这期间，陈伯桢、傅罗文、李小波、胡明明分别撰写了以盐业考古为研究对象的博士（美国加州大学）、硕士（北京大学）论文，确认了这座遗址的制盐产业性质，并对制盐陶器、制盐工艺及相关问题展开了深入探讨。

2000年，在英国多勒姆（Durham）召开的"东亚考古大会第二届年会"上，我们项目组介绍了中坝的考古发现和研究，引起国际同行的关注。2004年和2006年我们又分别在美国加州大学和德国图宾根大学举办了"跨文化视角下的中国早期盐业生产""长江上游盆地古代盐业的比较观察"国际学术研讨会，进一步扩大了中国盐业考古的国际影响。其间，我们还先后考察了法国东部的塞耶（Seille）河谷、德国南部和奥地利的哈莱茵（Hallein）、哈尔施塔特（Hallstatt）等地的著名制盐遗址和博物馆。2007年，在法国外交部和文化部支持下，法兰西国家考古博物馆奥利维尔（Laurent Olivier）教授邀请我带学生参加法国塞耶河谷制盐遗址的发掘，我们先后四次前往马萨尔（Marsal）这处盐业考古的诞生地、也是欧洲铁器时代最重要的制盐遗址进行发掘，这些国际交流合作的经历让我大大开阔了眼界，加深了对盐业考古的理解，积累了宝贵的经验。

2002年，我们将盐业考古的视角转向山东沿海，相继在鲁北和胶东半岛开展盐业考古调查和发掘，确认莱州湾沿海分布有大批商周时期的制盐遗址，并发掘出完整的制盐作坊和大批制盐遗迹，因此荣获2008年的中国十大考古重要发现。2010年在山东寿光举办了"黄河三角洲盐业考古"国际学术研讨会，将中国的盐业考古推向了沿海地区。此间，我们项目组的成员曾先后前往山东、甘肃、西藏、四川、重庆、云南、河北、内蒙古、海南、浙江等地开展调查和发掘，不断填补了中国盐业考古的空白，在很短的时间里缩短了我国与国外在该研究领域的差距，建立了中国盐业考古这一新的分支学科，在国内外学术界产生了积极影响。2015年，德国著名的施普林格（Springer）出版社来函，希望能在最新版的《全球考古学百科全书》中增加"中国盐业考古"的词条。

近些年来，国内各地不断有新的制盐遗址被发现。与此同时，也涌现出一大批重要的研究成果，这些集中体现在三部中国盐业考古文集和《南方文物》盐业考古专栏中。正是在这一背景下，2014年年末，西南交大出版社找到我，希望出版一套中国盐业文明丛书，当时想法很简单，就应允了。待2017年他们申请到国家出版基金，我才知晓此基金不能资助出版文集，这打乱了我的初衷，只好另起炉灶，并且要在较短时间里完成写作，这是个不小的挑战。不过，从年初动笔到9月交初稿，总算是完成了这部中国盐业考古的第一本学术专著，也期待着学界同仁的批评指正。

考虑到本书不能将视角仅局限于国内，也需要有基本知识的介绍、其他国家的盐业考古线索和世界各地相关的民族志资料，包括要制作和插配大量图照，这方面的工作耗费了大量时间和精力，不过这非常值得，也很有必要，有助于国内外读者对盐业考古有个全方位的了解。

感谢国家文物局指南针研究项目的支持和资助！同时感谢多年来在探索中国盐业考古未知领域过程中一路走过来的诸位朋友与同行。本书中有很多内容是他们的发现和研究成果，读者若有意可进一步检索阅读他们的文章。

感谢北京大学严文明教授和李零教授推荐本套丛书申请国家出版基金！

感谢罗泰、奥利维尔、陈伯桢、傅罗文（Rowan K. Flad）、巴盐（Ian Brown）、傅汉斯（Hans Ulrich Vogel）、周广明、冯时、张建林、高大伦、孙智彬、王守功、白九江、程龙刚，还有为此前三部中国盐业考古文集出版做出重要贡献的科学出版社及北京大学的一批研究生们，限于篇幅，恕不一一。

我写作本书还有一个重要心愿，就是纪念台湾大学人类学系的副教授陈伯桢博士。从1999年开始，他随我们一路从成都平原、长江三峡、甘肃礼县、四川郫都区、山东寿光、海南儋州、甘肃临洮等地区和英国、德国、法国、美国等国家走了过来。他是罗泰的学生，按辈分也算我的学生辈，但我和他亦师亦友，特别是在盐业考古领域他给我不少帮助，很多这方面的知识是在和他讨论的过程中、以及他给我介绍的书籍和文章中获得的。原本这套丛书中也给他预留了位置，不幸的是2015年7月他竟英年早逝，至今想起仍心痛不已。我之所以努力在较短的时间里完成此书，在一定程度上也有赖于感念伯桢的内在动力。

本书就是献给他的！

李水城

2018年8月于加拿大

目录

第一章 概　说 / 001
第一节　说　盐 / 002
第二节　制　盐 / 022
第三节　早期制盐出现的时间和地点：考古学的视角 / 032

第二章 欧美盐业考古的滥觞与发展 / 035
第一节　盐业考古的诞生之地：法国塞耶河谷 / 036
第二节　法国北海及大西洋沿岸地区 / 053
第三节　英国艾塞克斯的红丘遗址 / 058
第四节　奥地利与德国 / 064
第五节　欧洲中部及东欧的早期制盐业 / 075
第六节　北美东部地区 / 088
第七节　中美与南美 / 097

第三章 亚、非及大洋洲的古代盐业与民族志 / 106
第一节　东亚地区的日本与韩国 / 107
第二节　东南亚的越南与菲律宾 / 125
第三节　印度尼西亚伊里安-扎亚高地的植物制盐工艺 / 137
第四节　西亚地区 / 143
第五节　非洲与大洋洲 / 145
第六节　制盐遗址与遗物的特征 / 155

第四章　中原地区的古代盐业与盐政 / 166

　　第一节　河东盐池 / 167
　　第二节　清凉寺墓地与中条山最早的盐道 / 170
　　第三节　夏商时期对晋南地区的经略 / 174
　　第四节　周代的盐政管理与盐文化 / 178

第五章　四川盆地的盐业考古调查 / 181

　　第一节　成都平原及周边地区 / 182
　　第二节　自贡井盐及盐运古道 / 194
　　第三节　川东地区 / 203

第六章　三峡地区先秦时期盐业遗址的考古发掘 / 221

　　第一节　中坝遗址概述 / 222
　　第二节　中坝遗址出土的遗迹、遗物 / 226
　　第三节　自然科学研究 / 236
　　第四节　中坝遗址的制盐工艺 / 242
　　第五节　三峡地区其他先秦时期制盐遗址的发现与研究 / 253
　　小　结 / 262

第七章　三峡地区历史时期的盐业考古 / 263

　　第一节　忠县中坝遗址 / 264
　　第二节　三峡地区出土的汉代盐灶模型 / 271
　　第三节　云阳云安镇东大井遗址 / 275
　　第四节　彭水郁山镇中井坝遗址 / 286
　　小　结 / 292

第八章　莱州湾—胶东半岛的盐业考古调查 / 295

　　第一节　莱州湾—胶东半岛的地理环境与早期考古发现 / 296
　　第二节　莱州湾—胶东半岛盐业考古调查 / 300
　　第三节　有关盔形器的初步认识 / 315
　　第四节　莱州湾地区考古调查资料反映的制盐工艺 / 323

第九章　莱州湾地区制盐遗址的考古发掘收获 / 326

　　第一节　寿光双王城商周时期制盐遗址 / 327
　　第二节　寿光大荒北央西周制盐遗址 / 338
　　第三节　广饶南河崖西周制盐遗址 / 341
　　第四节　东周时期制盐遗址的调查与发掘 / 344
　　第五节　渤海沿岸历史时期的制盐遗址 / 347
　　第六节　考古所见莱州湾的古代盐业 / 352
　　小　结 / 363

第十章　东南沿海—华南地区的盐业考古 / 365

　　第一节　浙江宁波大榭遗址 / 366
　　第二节　浙江洞头九亩丘遗址 / 371
　　第三节　华南沿海先秦时期制盐遗址 / 382
　　第四节　香港地区的制盐遗址 / 388
　　第五节　海南岛儋州地区的火山岩制盐工艺 / 394

第十一章　边远地区的盐业考古与传统制盐业 / 399

第一节　甘肃礼县盐官镇盐业考古调查 / 400

第二节　甘肃漳县的盐业考古调查 / 403

第三节　四川盐源县盐业遗址考古调查 / 407

第四节　北方及东北地区历史时期的盐业考古 / 412

第五节　青藏高原的传统制盐工艺 / 417

第十二章　尾　声 / 426

参考文献 / 434

Brief Introduction / 473

第一章
概　说

盐：生命的食粮

荷马称盐是一种神圣之物
柏拉图将其描述为天神的恩赐
盐孕育了人类智慧的生命
触动了人类潜藏的妄想
激发了人类本能的欲求

盐的故事是人类史上璀璨的篇章
细碎的天然结晶矿石
诉说了关于人类的一切

——Mark Kurlansky, *Salt: A World History*

第一节　说　盐

一、何为盐

中国人对盐最早的解释见许慎《说文解字》："盐，咸也。从卤监声。"段玉裁注谓："盐，卤也。天生曰卤，人生曰盐。"盐别称为"鹾"，《礼记·曲礼》云："盐曰咸鹾。"郑玄《礼记》注："大咸曰鹾，今河东云。"鹾为盐之别名。按照古人的哲学思想和宇宙进化论，盐起源于流水。中国古代的传统思想就认为，盐并非水的外在物，而是水的内在伴随物。《尚书·洪范》言："水曰润下……润下作咸。"

盐，可以简单地解释为："色灰白，味咸，因常为食用，故称食盐。"现代通常所说的盐即指食盐，也就是氯化钠。理论上的盐是指一类金属离子或铵根离子（NH_4^+）与酸根离子或非金属离子结合的化合物。盐的化学成分为氯化钠，无色立方结晶或细小结晶粉末状，外观为白色晶体，其来源主要是海水，味咸，为食盐的主要成分。化学式为$NaCl$。其组成之百分比永定不变，即氯占60.66%、钠占39.34%。

氯离子和钠离子并无咸味，性质亦与氯化钠不同，故氯化钠在化学上被断定为："氯钠两元素依一定之规律相结合，产生性质不同之新物质，非用化学方法不能再分析之化合物。"在自然界，盐可谓一种千奇百怪的矿物，其形态和种类千差万别，特别是岩盐或某些结晶盐，往往会呈现出五颜六色的奇异色彩（图1.1）。

图1.1　地球上多彩的盐（引自《中国国家地理》2011年第4期）
摄影/Walter Geiersperger

从外太空看我们人类居住的地球是蓝色的，因此地球也被称作蓝色星球。这是因为地球表面积的 2/3 都是海水，而海水中蕴含巨量的盐分，这些盐分中的 90% 左右为氯化钠，即食盐。因此，也有人将大海比喻为"盐的故乡"。此外，海水中除含有大量的氯化钠，还蕴含氯化镁、硫酸镁、碳酸镁及钾、碘、钠、溴等其他盐类元素。

实际上，海水中的盐全都来自陆地。江河水流在陆地上的运动过程中流经各种各样的土壤和岩层，由此分解并产生各种各样的盐类，这些物质最终会随着水汽循环运动被带进大海，大海也成为地球表面盐分的最后归宿。经过几十亿年来的循环往复蒸发，海水中的盐浓度逐渐增加。亿万年来，地球的地质结构发生了巨大变化。随着地壳的变化，有时海水也会涌入内陆，通过日晒蒸发，盐分慢慢积淀下来，继而再通过地质运动被埋到了地下形成固体的盐矿，或者在地表形成含盐的盐湖（图 1.2）。

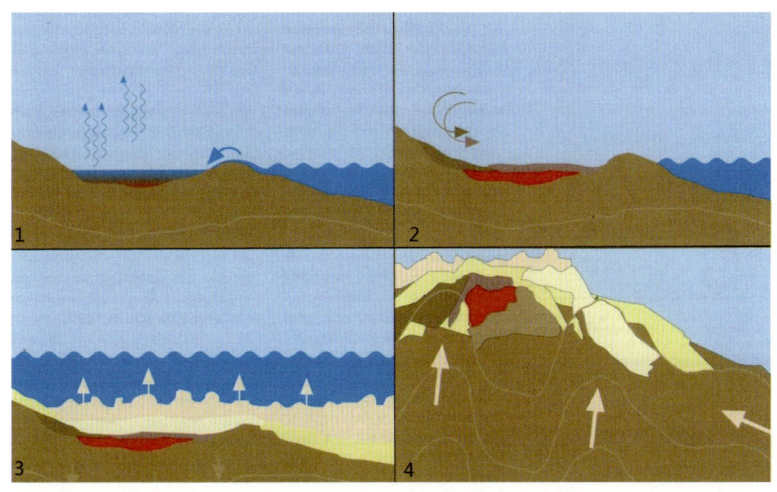

图 1.2　1. 奥地利哈莱茵（Halein）盐矿的形成。2.6 亿年前，哈莱茵还是一片海洋，随着气候变得干暖，海水逐渐蒸发。2. 接下来的数百万年，海水中的盐分不断沉积，并被不透水砂岩和泥土覆盖。3. 约 2.4 亿年前，原来盐分沉积处再次被海水淹没，珊瑚礁生长并形成石灰石和白云石岩层。4. 约 1 亿年前，随着地壳运动，板块挤压、抬升形成了阿尔卑斯山脉，盐分堆积在高压条件下和其他岩层一起被挤压到地表，形成盐沼，并最终产生一种含盐 20%～70% 的混合岩层。（引自 Dopsch, H., Heuberger, B., Zeller, K.W., 1994）

再后来，随着地质变化、水流切割，有些埋藏在地下的盐矿会暴露出来，或在地下水流的作用下将岩盐融化成咸水流到地面，形成盐泉或盐沼。也有一些埋藏在地下深处的盐矿在水的作用下形成高浓度卤水，这些深层卤水分为黑卤和黄卤。黑卤的含盐度较高，因其更加靠近盐矿所在层位。黄

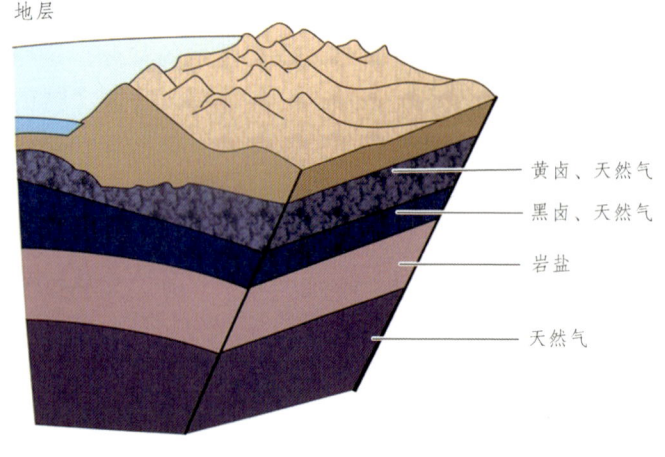

图 1.3 地下蕴藏的卤水结构

卤分布在黑卤层的上方，距盐矿层的位置相对要远一些，含盐度也相对要低。此外，盐矿在形成卤水的过程中，还会产生天然气。因此，在盐卤沉积层中常常夹带有宝贵的天然气（图 1.3）。

盐的种类很多，区分的方法因标准不同而名称各异。一般说来，盐有六种不同的区别之法，主要以盐的来源区分，其标准大致如下：

（1）依来源区分：海盐、岩盐（或矿盐、石盐）、井盐（或泉盐）、湖盐、土盐（或鹻盐、硝盐）、膏盐。

（2）依产地区分：辽盐、芦盐、淮盐、浙盐、粤盐、潞盐、川盐、台盐等。

（3）依形状区分：粒盐、花盐（粉盐）、巴盐（锅形，云南称锅盐，或盐平）、筒盐（或马蹄盐，以云南云龙产品为代表）、砖盐。

（4）依成分区分：原盐、洗涤盐、精制盐（即高级精盐，含氯化钠99%以上）、柏盐（即餐桌盐，含氯化钠99%以上）。

（5）依用途区分：食盐、渔盐（腌制鱼类）、腌切盐（腌制肉类）、酱盐（制酱）、工业盐、农业盐。

（6）依色泽区分：蒙盐及西北池盐有赤盐、绿盐、青盐、黑盐等。[1]

二、人为何要吃盐

盐是人类生理上需要的重要矿物质。古希腊哲学家柏拉图就认为：盐、水、火都是生命中最原始、也最神圣的元素。盐是地球上所有生命不可或缺的重要元素，因此被视为"生命的食粮"。这个烙印早在亿万年前生命起源之初就被深深地打上了。

---

[1] 田秋野、周维亮：《中华盐业史》，台北：台湾商务印书馆1979年版，第4-6页。

从生命起源和进化的角度看，地球上的所有生命都起源于海洋。海水中的盐对生命的起源和进化起到了积极的推动作用。据科学研究，远古时期，海水中的氯化钠含量与今天人体所含的氯化钠比例（9%）非常接近。地球上几乎所有生命体都含盐，包括所有的植物也含较低的盐。可见，对盐的依赖是生命起源和进化过程中的共同选择，源于生命体本身的需求。

盐的化学成分是钠元素和氯元素。人体的新陈代谢是通过体液进行的，而人体液的重要组成部分就是钠离子和氯离子。因此，盐对于调节人体的酸碱平衡（细胞蛋白质合成、能量交换、信息处理、酶的活性等）、促进新陈代谢、平衡细胞与体液的渗透压、维持体液和血液循环、保持正常血压、兴奋肌肉和大脑神经、维持生命都有重要的作用。此外，盐对人的神经系统传导、脑细胞的正常运转、体液平衡、生成胃酸等也非常重要。在人体的新陈代谢中，如果缺盐将会引起肌肉痉挛、头痛、恶心、下痢、懒散无力等症状，严重的会心脏衰竭而死亡。可见，盐与人体健康的关系至为紧密。

盐为人体提供钠元素。一个正常成年人每日需摄取的钠为1100～3300毫克，氯为1400～5100毫克。钠为细胞外体液中的阳离子，主要功能是维持肌肉及神经的易受刺激性，包括心脏肌肉的活动、消化道的蠕动、神经细胞的信息传递、调整控制与血压有关的荷尔蒙分泌，促进蛋白质和碳水化合物的代谢、神经脉冲的传播和肌肉收缩，调节激素和细胞对氧的消耗，控制尿量，感知口渴以及产生体液（血液、唾液、眼泪、汗液、胃液和胆汁等）。盐中的钠离子对于刺激人体神经系统的末梢神经引发肌肉运动有至关重要的作用，没有钠离子的刺激，心脏的起跳和四肢运动都会受到影响。

人类饮食中的氯差不多全部来自盐。脑脊液和进入肠胃道的分泌液所含的氯在人的体液和电解质平衡中起重要作用。氯也是胃酸（盐酸）的成分之一。穿过红血细胞膜的氯离子的迅速运动能使体液转移减少到最低限度，并增强血液携带二氧化碳进入肺部的能力。此外，食盐的另一重要作用是充当人体所需碘的一种媒介。

盐作为维持人类生命体的要素，最重要的作用体现在以下四个方面：

（1）维持胃液的酸碱平衡；

（2）调节血液中的碱度；

（3）维持心脏的跳动；

(4)保持肌肉的感应力。①

明代宋应星在其所著《天工开物·作咸》有言:"口之于味也,辛酸甘苦经年绝一无恙。独食盐,禁戒旬日,则缚鸡胜匹,倦怠恹然。岂非天一生水,而此味为生人生气之源哉?"《本草纲目》曰:"《素问》曰:'水生咸,此盐之根源也。'夫水周流于天地之间,润下之性,无所不在,其味作咸,凝结为盐,亦无所不在。在人则血脉应之,盐之气味咸腥,人之血亦咸腥,咸走血,血病无多食咸,多食则脉凝,泣而变色,从其类也。"

总之,无论是人还是动物,若体内缺盐或长期达不到基本的盐浓度,将会导致人体内水分流失,引发身体的强烈不适,罹患疾病,严重的将导致死亡。②

美国学者A.H.恩斯明格在《食物和营养百科全书——营养素》中谈道:"钠是细胞外液中主要的带电荷离子,它帮助维持体内水分和酸、碱平衡,它是胰液、胆汁、汗和眼泪中的一种成分,钠也与肌肉收缩和神经机能有关,而且在碳水化合物的吸收中起特殊作用。在血液中钠离子的浓度部分地作用于丘脑下部的中枢,控制尿的形成并产生渴的感觉。在尿的形成过程中,肾上腺皮质分泌的醛甾酮可起到收集钠离子的作用,同时将钾离子排放到尿中。"③

无怪乎,古罗马人把盐看作"有益于人类健康的晶体"。盐对生命有特殊的意义,包括生命的维系和种群的繁衍。

三、人何时开始吃盐

人类究竟从何时开始吃盐?这对于考古学家来说,是个无法考证的未解难题。纵观人类历史长河,大约有90%以上的时间都处在狩猎—采集经济阶段,这个阶段延续了长达数百万年,至今尚未发现那时的人类主动食盐的迹象。根据民族志的资料,在长期的狩猎—采集生活中,人类了解到自然界中的很多动物,特别是食草动物需要定期给体内补充盐,以保障自身生长和种群繁衍。动物们会凭借本能和记忆去寻找盐泉、盐沼或地表富含盐渍的土壤,舔舐盐以满足身体需要。人类发现这个规律后,会在动物定期前往舔

---

① 田秋野、周维亮:《中华盐业史》,台北:台湾商务印书馆1979年版,第7-8页。
② Bloch, Maurice R.. Zur Entwicklung der vom Salz abhängigen Technologien: Auswirkungen von postglazialen Veränderungen der Ozeanküsten. Saeculum, 1970(21):2-3.
③ 转引自周广明:《生命之源——新干青铜器群立鹿造型意义探赜》,《南方文物》2010年第1期,第100页。

舔盐的地点设伏，猎杀动物。长此以往，人类对盐的了解和认识不断深入，并牢牢记住盐泉、盐沼、盐湖、盐渍的地点，甚至会将产盐地点周围的植物种类和形态都保存在记忆中，代代相传。

地球表面土壤中蕴藏的盐会通过食物链从低级向高级传递。植物通过根系从土壤中汲取盐分，食草动物通过植物获取盐，[①]肉食动物通过捕杀食草动物获取盐。在狩猎——采集阶段，人类祖先主要是通过食用各种动物的肉、血、奶甚至尿，间接地将动物体内的盐分补充到自身体内。此即《礼记·礼运》所言："食草木之实，鸟兽之肉，饮其血，茹其毛。"

距今11 000年前后，地球上最后一次冰期——大理冰期结束了，地质时代进入全新世。随着冰后期的到来，全球气候逐渐转暖，雨量增加，以往冰期阶段那些干旱不毛之地逐渐呈现出一派生机勃勃的景象，植物繁茂，动物开始大规模向北迁徙。人类社会也从旧石器时代进入中石器/新石器时代。这是一个渐进的过渡阶段，最为重要的是人类的生产生活方式开始出现变化，即逐步地发展到定居的农业社会，生活方式稳定了，食物构成也从狩猎—采集阶段的以肉食为主转到以谷物为主。由于谷物的成分为碳水化合物，含盐量极少，这就迫使人类开始在食物中额外添加盐。大概就是从这个时期开始，人类对盐有了特殊的需求。但是，盐在地球上的分布极不均衡，人类只能主动地寻找食盐，或通过不同地区、不同族群的交易，互通有无，获取食盐，由此带动了盐业的开发、生产以及与盐有关的商贸活动出现。

进入全新世以后，也有一些不事农耕的狩猎——采集民族长期不会制盐，但他们会采用一些特殊的方法为身体补充盐。如北美白令海峡一带的因纽特人以捕猎驯鹿、野山羊、熊、海豹、海象及其他野生动物为生。他们将这些动物的肉用海水煮熟，以此获取盐分和咸味。

四、吃多少盐才合适

盐对于人的生长、生育、运动、长寿、正确的骨骼结构形成以及荷尔蒙的系统发育都是必不可少的。盐是人体生理组织不可或缺的要素，但究竟每天吃多少盐才合适，对此学者们有不同的估算，标准有每天吃0.7~3克、0.5～4克、8～10克、15克、5～20克等不同的说法。盐所含钠约占40%，氯约占60%。一般情况下，每人每天吃1克盐就足以满足生理需要。但实际上，人摄取盐的量都大大超出了这个数字。

人在日常饮食之外是否还需要额外补充盐？人体对盐的需求量究竟是多

[①] 植物体内所含盐分比例很低，而且为钾盐。

少？学者们对这类问题一直存在争议。① 从理论上讲，正常饮食已基本能够满足人体对盐的生理需求。②

世界卫生组织依据人的生理指标公布的人类对食盐的最佳需求量数据为：每日最基本的 2 克到最佳的 5～6 克。2007 年，世界卫生组织在卢森堡会议上提议，将每日食盐摄入量的标准由原定 6 克以内下调至 5 克以内。我国制定的 2016 年版《中国居民膳食指南》推荐，每日人均食盐的摄入量不超过 6 克。但调查资料显示，我国居民食盐摄入量每日平均为 8～10 克，北方居民的摄入量高达 15～25 克，这在国际上是最高的。2012 年，中国卫生部制定的目标是，2015 年人均食盐每日摄入量降至 9 克以下。

盐的摄入量过高对人的身体很有害。医学研究表明，吃盐过度会引发感冒、胃病、糖尿病、支气管哮喘、肾病等。特别是高血压的发病率与吃盐多少有关。如北极因纽特人日均食盐约 4 克，因此他们几乎没有患高血压症的。美国人日均食盐 15 克者，患高血压的比例为 10%。日本北部居民日均摄入食盐 26 克，高血压患者的比例达 39%。中国西藏某些地方的居民习惯在喝的茶水中也放盐，高血压的发病率为 20% 左右。因此，医生都建议要少吃盐，尤其是高血压和心脏病患者更要少吃盐，以避免引发心血管疾病、中风和冠心病。

国外的医学实验还证实，食物中的钠含量与淀粉消化、吸收速度和血糖反应有直接关系，食盐可通过刺激淀粉酶的活性加速对淀粉的消化，或加速小肠对消化释出葡萄糖的吸收，吃盐较多的人血浆葡萄糖浓度要高于吃盐少的人。因此，医生提醒糖尿病患者要少吃盐。

即便在医学界，对于能吃多少盐、是否需要低盐饮食也有不同的看法。毕竟人离不开盐，因为盐是人类必须的营养素，没有盐，人的神经就没法活动，人体里的水也没法移动，不能在血管和细胞组织里存储水，更不能把不同分子放在正确的组织里。氯化钠是生产盐酸的原料，胃酸的产生就需要盐，当人没有足够的胃酸维持良好的胃环境时，会出现反流现象。如果一个人吃了大量的铁补充剂却没有足够的胃酸，那就根本没法吸收。因此，有些医生

---

① Bloch, Maurice R.. The social influence of salt. Scientific American,1963,209(1)：88-96, 98；Dauphinee, James A.. Sodium chloride in physiology, nutrition and medicine. In D. W. Kaufmann. Sodium chloride in physiology, nutrition and medicine. New York: Chapman & Hall, Ltd., and London: Reinhold Publishing Corp., 1960:382-453; Multhauf, Robert P. Neptune's gift :a history of common salt. John Hopkins studies in the history of technology. Baltimore and London: Johns Hopkins University Press,1978：58.
② Carte, C.O.. Man's need of salt. In de Brisay, K.W., K.A.Evans (eds.) Salt: the study of an ancient industry (report on the salt weekend held at the University of Essex, 20, 21, 22 September 1974). Colchester: Colchester Archaeological Group,1975：13.

指出，长期的低盐饮食会对有些人的身体造成不适，甚至引发一些特殊疾病。如1995年夏，美国芝加哥出现了一场持续两周之久的极端高温天气，造成750人死亡，数千人中暑。这750人绝大多数是严格执行低盐饮食的老人，如果这些人在那些日子多喝些加盐的水就不会有事。再如2009年，梅奥诊所的一个研究结果显示，现在美国每100人就有30人患麸质过敏症，这些人的肠道受损，导致不能正常吸收营养，这是由于长期低盐饮食不能产生足够的胃酸，使得胃蛋白酶不能正常工作，不能完全消化蛋白质，包括大麦、小麦和燕麦中的蛋白。还有很多人能吃小麦、大麦或燕麦，可是到了50岁或60岁，突然出现麸质不耐受，这也是多年来低盐饮食造成他们的胃不能消化这些食物中所含的最简单的分子——多肽，对特定的蛋白质产生不耐受，进而罹患麸质不耐症、腹腔疾病或肠道综合炎症、溃疡性结肠炎、克罗恩病等。

如果一个人每日吃0.5~2克的盐，这个量可轻易地从1.5磅（0.68千克）带肥肉的肉或更少的贝类得以满足。但如果他只是吃豆子、玉米、南瓜或者麦子、稻谷等淀粉食物，则需要吃150磅（68千克）才能满足同等的盐分需求。① 尽管有学者主张："人没有生理上的需求在饮食中增加额外的盐分。"但一个明显的事实是，吃全素的人必须额外摄取补充盐分。总之，对盐的生理需求无法解释盐的消费程度，这主要是由文化来决定的。

在世界不同地区，人每天究竟吃多少盐差异非常大，它往往与人体的生理差异（种族、性别、年龄、体质）、生活环境（温度、湿度）、劳动强度、生活习俗、饮食习惯、食物构成、文化及受教育的程度等诸多因素有关。那些从事繁重的体力劳动者、高热量支出的运动员、处在某些疾病状态下的患者，一个人每日吃盐最高可达30克。总之，若将累积数量相加，一个人每年消耗食盐的总量约相当于其自身体重的1/20~1/10。一个正常成人体内钠的总量约相当于其体重的1‰，由于每天要从体内排出4.5克左右的钠盐，所以人需要不断地从食物中摄取盐。

对动物而言，它们对盐的生理需求量与其体形大小直接相关。氯化钠是家畜和家禽饲料中的重要矿物质。钠能够维持动物血液和组织液的酸碱平衡，调节正常渗透压的稳定，刺激唾液分泌，促进食欲，保持畜禽的胃液呈酸性，起到杀菌效用。驯化家畜和家禽则需要在饲料中定期添加盐。据研究，动物每天需要进补盐的数量为：猪5~10克，绵羊7~15克，马约50克，牛

---

① （美）傅罗文:《新几内亚、乌干达及西罗马帝国的盐生产、交换及消费——重庆地区先秦时期盐业生产的比较研究》，《盐业史研究》2003年第1期，第95-104页。

30～100克。[①]游牧民族深知这一点。在西藏，牧民不仅会给牲畜定期补充盐，甚至会将最好的盐留给重要的牲畜，以保证其健康、不罹患疾病促进其繁殖。

野生动物会本能地在大自然中定期寻找并舔舐盐泉、盐沼或地表渗出的盐渍。大部分野生动物的体内都具有某种感应接收器，在缺盐状况下，感应器会驱使它们去寻找盐。一旦盐分过多、影响到体液平衡也会发出警告。这种接收感应系统未必针对的是生理上最需要的钠盐，而是各种盐类。

五、有盐有味

在人体的所有感官中，味觉记忆保留时间最为长久、印象也最强烈。作为最重要的调味品，盐在人类饮食中有着无法替代的特殊功能。在中国古代，盐被称作"百味之祖""食肴之将""生人生气之源"。试想，世界上若没有了盐，人类的生活将会怎样？"寡淡无味"的日子将很难捱。

除生理原因外，人类对盐的嗜好主要来自文化影响。世界上每个民族都有一部分与"味觉记忆"有关的历史，而味觉记忆最深的就是咸味。因此，盐在五味（咸、酸、苦、辣、甜）中占据了首位。盐的主要作用是让食品味道发生变化，它不仅能增强食物滋味，也能改变食物品质。[②]特别是盐本身所含杂质会让盐形成某种独特的味道，以至于造成食盐消费者的某种偏好。

自人类出现以来，食物的保鲜和防腐一直是生活中的一大难题。在没有盐之前，人类可能会利用阳光曝晒、风干或采用燃烧木料烟熏等方法保存食物，但这常常要受到气候、环境和资源的制约。有了盐以后，一切都变得简单了。用盐腌制的食品可长期保存，大大提高了人类的生活质量。盐是保存食物的最佳原料，特别利于对奶制品、肉类、各种海鲜和蔬菜的腌制加工。此外，盐还具有杀菌作用，高浓度的盐水可以杀死细菌。盐的这些特性也催生出了一大批的相关产业，包括用盐加工腌制各种食材及佐餐调味酱料的产业。

---

① Medeleț, Florin. Über das Salz in Dakien. Archäologie Österreichs,1995,6/2: 54. Wien; Pauli, Ludwig . Salzgewinnung und Salzhandel in vor-und frühgeschichtlicher Zeit zwischen Alpen und Mittelgebirge. In Treml, M., Brockhoff, E., and Jahn, W.. Salz macht Geschichte: Aufsätze,1995,1：201-211. Friedrich Pustet. Bloch, Maurice R..Zur Entwicklung der vom Salz abhängigen Technologien: Auswirkungen von postglazialen Veränderungen der Ozeanküsten. Saeculum, 1970, 21:2-3; Nenquin, Jacques. Salt, a study in economic prehistory. Dissertationes archaeologicae Gandenses, VI. Brugge: De Tempel, 1961.

② （美）傅罗文：《新几内亚、乌干达及西罗马帝国的盐业生产、交换及消费——重庆地区先秦时期盐业生产的比较研究》，《盐业史研究》2003年第1期，第95-104页。

古希腊历史学家希罗多德曾记载，古埃及人会将鹌鹑、鸭子和体积较小的禽类腌制以后直接食用；其他的禽类和鱼，一般会烧烤或烹煮食用。^① 考古学家在埃及古王国时期的墓中就发现随葬的腌制咸鱼和咸肉，类似的画面在埃及的其他古墓中也常有发现，如在纽约大都会博物馆收藏有一幅公元前1450年埃及人用盐腌制鱼的壁画，在埃及金字塔附近的墓葬中发现有腌制鱼肉的壁画。其中，有人将鱼开膛破腹，摘除内脏（图1.4：A上1）；有人将清理好的鱼放入陶罐用盐腌制（图1.4：A上2）；有人将捕捞的大鱼挑运来加工（图1.4：A上3、4）；还有鱼被源源不断地运过来（图1.4：A下）。在Saqqara第五王朝时期的Ty墓内还发现有将鱼子取出来进行特别加工处理的画面。在底比斯的Nakht墓中有加工腌制鸭子的壁画（图1.4：B）。其中，左侧的人在处理宰杀了的鸭子，处理后的鸭子被挂在架子上晾晒。右侧的人将涂抹了盐的鸭子放入双耳尖底大罐内腌制保存。相似的画面还有将腌制的飞禽放入双耳大缸内腌制保存（图1.4：C）。^② 直到今天，埃及人仍很喜欢吃腌制的鱼。"feseekh"是埃及的一道传统节庆美食，即臭咸鱼，据说风味独特，但对健康有害。英国BBC广播公司记者曾专门报道过埃及人的这道传统菜肴。

古希腊地理学家斯特雷波在其著述中也有对腌肉的记载，尤其介绍了腌制猪肉对凯尔特人的膳食营养、体质健康和商业发展所起到的积极作用（图1.5）。^③ 考古发现证实，在中欧地区青铜时代晚期到铁器时代，大规模的食物保存在哈尔施塔特（Hallstatt）遗址和迪姆贝格（Dürrnberg）遗址都很盛行，人们将剩余的猪、牛、羊等家畜肉腌制储存起来，以备不时之需。^④ 不过，用盐腌制的食品很难保存下来，在考古中也极难发现，但在历史文献中会保留一些这方面的记录，如在中国湖北荆门包山楚墓出土的遣册中有羞、脯等美食，^⑤ 其中有

---

① 希罗多德：《历史》上册第二卷，王以铸译，北京：商务印书馆1997年版，第143页。
② Ikram, Salima. Meat processing.In P. Nicholson and I. Shaw (eds.).Ancient Egyptian materials and technologies. Cambridge: Cambridge University Press, 2000.
③ Radt, Stefan.Strabons geographika. v. 1. Prolegomena. Göttingen: Vandenhoeck & Ruprecht,2002:514-51; Dobesch, Gerhard.Handel und Wirtschaft der Kelten in antiken Schriftquellen. In Claus Dobiat, Susanne Sievers, and Thomas Stöllner (eds.).Dürrnberg und Manching. Wirtschaftsarchäologie im ostkeltischen Raum (Akten des Internationalen Kolloquiums in Hallein/Bad Dürrnberg 7.-11.Oktober 1998). Kolloquien zur Vor-und Frühgeschichte, v. 7. Bonn: Habelt, 2002: 21.
④ Stöllner, Thomas.Salz als Fernhandelsgut in Mitteleuropa während der Hallstatt- und Latènezeit. In Lang, Amei., and Salač, Vladimír (eds.). Fernkontakte in der Eisenzeit. Konferenz Liblice. Praha: Archäologisches Institut der Akademie der Wissenschaften der Tschechischen Republik.2002: 47-71;Stöllner,Thomas. Das weiße Gold der Ostalpen. Archäologie in Deutschland,2003, 1, 24; Barth, Fritz Eckart. Nachbau eines bronzezeitlichen Blockbaues: Hallstatt-Salzbergtal Sommer 2000 (Museum flyer). Wien: Naturhistorisches Museum, 2000.
⑤ 湖北荆沙铁路考古队：《包山楚墓》，北京：文物出版社1991年版。

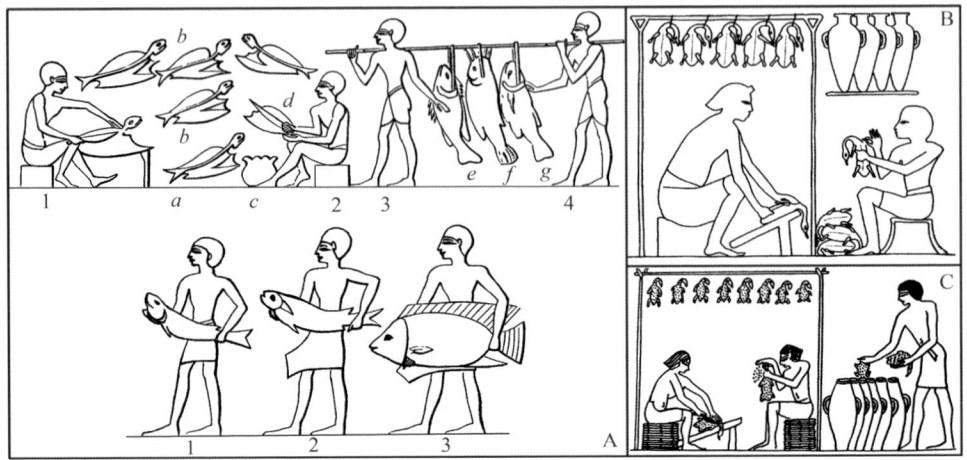

图1.4 古埃及人腌制鱼肉的画面（据Ikram，2000改制）

图1.5 欧洲青铜时代凯尔特人腌肉的场景复原（引自Anine Fries-Knoblach。见《中国盐业考古（第二集）——国际视野下的比较观察》，2010）

些就是用盐和姜桂等腌制的,类似的食物在《左传·哀公十一年》也有记载。①总之,人类用盐来加工和腌制食品的行为出现时间已相当久远。

还有一种古老的说法是,对鱼和肉一类高蛋白食材的加工和保存很早就形成了两种技术传统,即在有盐的地方采用腌制的方法,在缺盐的地方采用烟熏的方法。以欧洲为例,北欧地区盛产海鱼,但那里缺盐,遂以制作熏鱼为传统。南欧地区不缺盐,则以腌制咸鱼为特色。即便是极为普通的佐餐小菜,其制作也都离不开盐。当今世界有三大著名的泡菜:一是德国的古老泡菜——泡卷心菜,二是中国西南地区的四川泡菜,三是韩国泡菜。它们各自有着不同的传统腌制方法。总之,用盐加工的特色食品可谓不胜枚举。

在现代工业冷却系统尚未开发出来时,用盐腌制是保存食物最有效的方法之一。盐能将鱼和肉的水分挤出,防止细菌对食物造成腐败,达到保存食品的目的。用盐腌制的食品也是人类赖以度过漫长冬季的重要食物,同时还为那些远离家门、长途旅行的商人、战士、旅行家、传教士解决了极大的生活难题。据说,英国人在早期殖民远征中会给士兵配发一些盐,以便他们沿途佐餐或腌制食物,保障士兵的健康和军队的战斗力。盐的出现大大降低了人类饮食的季节性依赖,为长途旅行和航海活动等提供了条件。在16世纪的地理大发现期间,盐发挥了极为重要的功能,哥伦布和麦哲伦在发现美洲的环球航海过程中,如果没有盐的协助是绝对不可能成功的。

六、吃盐"上瘾"说

有学者在美国《国家科学院院刊》(PNAS)撰文指出,人类吃盐就像抽香烟或使用麻醉品一样会上瘾,以至于有人把盐看作"准毒品"。对盐的渴求会刺激人的基因、脑细胞和大脑连接的神经元。这项研究也有助于解释,为何许多人明知过多地吃盐会影响血压和心脏健康,却仍然难以抑制对盐的摄入。②

其实,人并无生理的需求驱使他们在饮食中必须额外增加盐。世界上有些民族原本就不大吃盐。在欧洲人到达美州之前,北美的佩诺部斯科特人、梅诺米尼人和齐珀瓦人就从未吃过盐。普吉特桑德印第安人的日常主食为三

---

① 杨伯峻:《春秋左传注》,北京:中华书局1981年版。
② Macrae Fiona.Why salt is addictive: it stimulates the brain cells just like cigarettes and hard drugs. https://www.dailymail.co.uk/health/article-2013703/why-salt-addictive-It-stimulates-brain-cells-just-like-cigarettes-hard-drugs.html.

文鱼，他们也不吃盐。美国康涅狄格州莫希干人的食谱主要是龙虾、蛤、美洲西鲱鱼、七鳃鳗还有玉米等。据科顿·马瑟记载："他们从未拥有过一粒盐，直到我们把盐赐予他们。"①

有学者指出，人类日常摄取食盐的数量除极小部分出于生理需求外，绝大部分要受文化的左右。故有学者以"上瘾"说解释人为何要那么努力地追求盐。但所谓的"上瘾"说应是人类在能够稳定地获取盐以后，才有可能形成的饮食习惯。据民族志资料，世界上很多民族将盐视为奢侈品，或用于交换，或在某些特殊场合作为宴飨客人的珍馐美味，但他们自己并不在日常食物中加盐调味，特别是在一些食盐资源不稳定或匮乏的地区。再者，世界上有些地方甚至把在食物中额外添加食盐作为禁忌。如美国休伦县耶稣会的传教士一直抱怨当地没有盐，有位传教士就指出，休伦人比法国人更有眼力，因为他们戒绝酒、盐和"其他能够使眼液枯竭并且损害音质的东西"②。可见，尽管食盐在现代社会已成为人类生活的必需品，但对盐的需求大部分是文化造成的，而不是生理因素。

澳大利亚和美国的科学家曾经做过这样一组实验：他们将实验用的老鼠分成两组，一组只提供低盐食物，另一组则滴注盐水。然后，科学家将这些实验老鼠的脑部活动与正常饮食老鼠的脑部活动进行比较。接下来让一些老鼠三天不摄入盐，然后再让它们尽情地喝盐水，在此过程中观察老鼠的脑部活动。当老鼠需要盐的时候，脑细胞会产生与海洛因、可卡因和尼古丁等上瘾物质有关的蛋白质。实验还显示，阻止老鼠从吃盐中获得快感，能在一定程度上减少它们对盐的需求。澳大利亚墨尔本大学的德里克·登顿教授说："在这项研究中，我们发现对盐的本能需求会产生促使对鸦片和可卡因上瘾的神经结构。"研究还显示，摄入盐之后，在盐还没有真正进入血液系统并流经大脑之前，老鼠就已经感到了满足。科研人员认为，盐对人体健康的重要性意味着，人对盐的需求是深深植根于大脑中的"古老本能"，这也能解释为何人类对咸味食物如此的偏爱。③

---

① Krurlansky, Mark. Salt: a world history. New York: Walker Co., 2001.
② Krurlansky, Mark. Salt: a world history. New York: Walker Co., 2001. 陈伯桢：《中国早期盐的使用及其社会意义的转变》，《新史学》2006年第十七卷第四期（2006年12月）。
③ Liedtke, Wolfgang B., et al.. Relation of addiction genes to hypothalamic gene changes subserving genesis and gratification of a classic instinct, sodium appetite. Proceedings of the National Academy of Sciences, 2011, 108(30): 12509-12514.

七、国之大宝

盐是如此的丰富和廉价,却又是人类历史上的关键产品之一。生活中,人们往往会忽略一些普通的东西,比如盐。今天在大多数人心目中,盐充其量就是厨房和餐桌上的一种普通的白色粉末,价格便宜,取之不尽,用之不竭。这种认识将盐看得如此平凡,仅仅局限在调味品范畴,忽视其重要价值,这只是人类社会近百余年来才有的认识。在此之前的数千年,盐被看作最古老的"白金",在世界很多地区,盐都是稀缺物资,是人们普遍渴望得到的珍贵物品,特别是在一些偏远缺盐地区,其价值尤同黄金一般珍贵,有着远远超越单纯调味品的特殊价值,在世界各个角落演绎出丰富多彩的人类生活史。纵观历史,地球上任何储存盐的地方都可能被人类所开发。

图1.6 中国的古文字"盐"

中国古文字"盐"的结构就很有意味(图1.6)。这个字的上方左侧有一只大眼睛,它与古文字中的"臣"字相通,表示监督盐业生产的官员。右侧上方为一"人"字,喻意制盐的工人,人字下方为一"卤"字,表示制盐原料"卤水"。这几部分合起来即有官员监视工人用卤水制盐的含义。最下面为"皿"字,表示将制好的盐放入容器,或者说是将卤水放入容器制盐。这个字既会意,又象形,反映出制盐业在中国古代是国家和官府控制的特殊产业部门。

在西方各国的语言中,盐这个词有一个共同的来源。早年,希腊人用Hal[s]这个词表示大海,有"盐海"之意。在从希腊语转化到罗马语的过程中,这个词的词根als通过字母循环演变成了拉丁文的sal。如今,所有西文表示盐的词都来自拉丁文。如Sel(法语)、Salt(英语)、Salz(德语)、Sal(西班牙语)、Соль(俄语)、Hall(凯尔特语)等。再就是有些英文单词反映了盐在历史上的重要性,或者从某些单词的前后缀就能看出其与盐的密切关系,如Salary(薪水)、Soldier[①](士兵)、Salad(盐拌蔬菜)等。在英国,凡是在单词后面加wich作为后缀的地名,一般都是与制盐或盐业贸易的中心有关。法文中的Solde为付钱结账之意,其词根也来自盐。

盐是百姓的命根子,也是国家的钱袋子。盐就像土地、粮食、石油等资

---

① 古罗马人用盐来支付士兵的薪水,称赞表现出色的士兵是"值了那笔盐"。

源一样，能为国家带来巨额财富，产生巨大的经济效益。因此，盐也是历史上最早由国家垄断的特殊商品。在我国古代，盐带来的价值常常占到国家税收的50%以上，成为国家财政的重要支柱，因此才有了"天下之赋，盐利居半"一说。早在春秋时期，齐相管仲率先提出"官山海"政策，由国家专营制盐产业并征收盐税。随着这个政策的出台，齐国因拥有的"渔盐之利"很快便积聚了巨大财富，经济实力大增，随后才营造出齐桓公"九合诸侯，一匡天下"的局面，使其率先成为"春秋五霸"之一。管仲也因此被后世尊奉为盐神。

总之，盐是民生之必需，无论东方西方都是如此。但盐在地球上分布极不均衡，加之人类早期生产和运输能力的限制，使得对盐业资源的占有成为少数地区或个别人把持的特权。在不产盐的地区，盐成为贵重物品。我国的春秋战国时期，齐桓公任用管仲，创制了食盐官营的"官山海"国策。西方的秦国也在孝公十四年（前348年）开征盐税。到西汉武帝时期，"食盐官营"制逐步发展完善。从此，盐铁便成为官府垄断的特殊产业，为历代政权所重视。仅仅就在几个世纪以前，盐田的拥有权对专制国家的重商主义经济来说，仍占有举足轻重的地位。直到今天，制盐业在很多国家和地区依旧是政府专控的产业。

不过，也有学者指出，总体讲，国家在制盐业中所起的经济作用并不连贯（相对纯粹税收职能而言），它既不纠集政治意志，也无意于为此提供有效的管理。[1]盐与其他商品一样，有自身的生命史（biography），其意义也会随时间而改变，要了解盐在当时社会扮演的角色，必须先对盐的性质及生命史有所了解。然后再将其放在应有的文化脉络下，追寻它在不同时空中的变化，进而论及其他的社会角色。只有弄清楚每个历史阶段人们如何使用和看待盐，才能进一步探讨它对当时的社会文化及国家形成的影响。[2]

八、宗教与盐

除了作为防腐剂和调味品，盐还被用作药物和人类精神的象征。随着人类对盐的依赖性加大，盐的地位也变得愈来愈崇高，逐渐从一般的日用品上升到美德的层面，并在宗教领域占据了很高的地位。世界上很多民族都有祭拜盐神的习俗，在中国重庆忠县的中坝制盐遗址曾出土一批早期的占卜甲骨，表明祭司占卜集团已参与到控制、组织和管理早期的盐业生产活动中。进入

---

[1] Vogel, Hansu. Untersuchungen über die Salzgeschichte von Sichuan (311 v. Chr.-1911): Strukturen des Monopols und der Produktion. Münchener Ostasiatische Studien. Stuttgart: Franz Steiner, 1990:51.
[2] 陈伯桢：《中国早期盐的使用及其社会意义的转变》，《新史学》2006年第十七卷第四期。

历史时期以后,很多制盐遗址附近都发现有佛龛寺观,在一些重要的盐产地都建有作为保护神敬奉的盐神庙,显示出制盐与宗教神祇间的密切联系(图1.7)。如四川自贡的盐神是一位名叫梅泽的猎人,传说是他最早发现的盐泉。当地还有一位河神王爷,专门负责监管盐的运输和贸易活动。① 中美洲的玛雅人,在每个盐业生产季节之始或每日开工之前,制盐者都要举行盐的生产仪式,显示盐与生命的永存及不朽的关联。

图1.7 陕北现代盐场的盐神(黄新力摄)和四川资中县罗泉镇的盐神庙(袁蓉荪摄)

在基督教中,盐被看作长寿、真诚和知识的象征。"大地的盐"被用来比喻人类社会的精英和高尚的人。《圣经》将盐与圣洁之物常常联系在一起,盐被视为仪式中不可或缺的神圣祭品,"一切的供物都要配盐而献"(《旧约·利未记》2:13)。耶稣告诫其门徒:"要做'盐',而不要做'光',盐溶化自己,让人体吸收,盐没有自己。光处处有影子,光忘不掉自己。"② 在《新约·马太福音》中,耶稣还对门徒说道:"你们是世上的盐,盐若失了味,怎叫它再能咸呢?"(《新约·马太福音》5:13)

在中世纪的欧洲,教堂在举行洗礼仪式时,要将婴孩放入盐水中受洗。东正教信徒在向亲人和尊贵的客人表达敬意时的最高礼遇是献上"面包和食盐"③,这个习俗至今还保留在俄罗斯等国的重要外交礼仪中。如今,世界

---

① 自贡市盐务管理局:《自贡市盐业志》,成都:四川人民出版社1995年版,第460-461页。
② Blümner, Hugo. Salz.In Georg Wissowa et al. (eds). Paulys Realencyclopädie der classischen Altertumswissenschaft I A2. Stuttgart, München: Artemis,1920: 2093-2094.
③ Medeleț, Florin. Über das Salz in Dakien. Archäologie Österreichs,1995,6/2: 54; Blümner, Hugo. Salz. In Georg Wissowa et al. (eds). Paulys Realencyclopädie der classischen Altertumswissenschaft I A2. Stuttgart, München: Artemis, 1920: 2092.

上还有很多民族在举行重要仪式或重大表演之前，撒盐以示庆祝，同时也祈求神灵的佑护。

盐也被作为区分身份和地位尊卑的标志。在古代欧洲，餐桌礼仪中的"请上坐"是让尊贵的客人坐在最靠近盐罐的地方。反之，人们将那些品行不好的人称作"没有吃盐资格的人"。对于触犯刑律的人，法律规定在一定时间内不准吃盐，以示惩戒。

九、盐的其他用途

盐是人类利用物理学和化学知识将一种物质转化为另一种物质的科学创造成果。在人类社会早期，盐除了食用以外，也是很多手工业部门必备的重要材料，在人类早期的生产生活中发挥了重要作用。以欧洲为例，进入铁器时代以后，欧洲已能够批量地生产盐，并作为发展畜牧业和手工业的重要推手。为保证畜牧业生产的繁荣，养殖家畜、生产肉食、制作皮革均少不了盐。从整个世界范围看，早期人类日常生活所需的毛皮制品（衣裤、鞋、容器、毡毯等）、运输器具（马具、车具、船具等）、仪式用品（服饰、丧葬用品等）、战争用具（武器、装甲、战车、帐篷、舟船等）等的制作都离不开盐。[1]

此外，盐甚至还可以作为助燃剂，用于冶炼金属。理论上盐是指金属离子与酸根的化合物，这类物质通常由金属氧化物和酸反应生成，熔点不太高，适宜在冶炼中作为助溶剂造渣。造渣溶剂的作用是将炼渣稀释，使其便于排出，并使金属得到更好的还原。如果炼渣流动性差或金属回收率低，除了冶炼温度较低的原因外，多数为造渣不适使然。盐的熔点为801度，石灰石的熔点为825度，均为比较合适的造渣剂。中国古代是否用盐作为造渣剂未见记载，这或许与食盐专营、贵重有关。但石灰石到处都有，方便易得。如在河南巩县铁生沟炼铁遗址就发现有石英粉和石灰石。用盐来为炼铁助熔见于20世纪50年代"大跃进"时期的浙江。[2]但效果如何，不得而知。用盐砌炉的记载见于《天工开物·五金》："凡铁炉用盐做造和泥砌成，其炉多傍山穴为之，或用巨木匡围，塑造盐泥。穷月之力，不容造次，盐泥有罅，尽

---

[1] Stöllner, Thomas. Salzals Fernhandelsgut in Mitteleuropa während der Hallstatt-und Latènezeit. In Lang, Amei., and Salač, Vladimír (eds.).Fernkontakte in der Eisenzeit. Konferenz Liblice. Praha: Archäologisches Institut der Akademie der Wissenschaften der Tschechischen Republik,2002；47-71；Stöllner,Thomas.Das weiße Gold der Ostalpen. Archäologie in Deutschland,2003,1；24; Barth, Fritz Eckart. Nachbau eines bronzezeitlichen Blockbaues: Hallstatt - Salzbergtal Sommer 2000 (Museum flyer). Wien: Naturhistorisches Museum,2000.
[2] 杭州市化学工业科学研究所：《土法制钠初步试验报告》，《浙江化工》1959年第3期。

弃全功。"《物理小识·金石类》也有类似记录："凡铁炉用盐和泥造成。"《广东新语·货语》也说道："炉之状如瓶，其口上出，口广丈许，底厚三丈五尺，崇半之。身厚二尺有奇。以灰沙盐醋筑之，巨藤束之，铁力、紫荆木支之，又凭山崖以为固。"至于为何用盐和泥制作铁炉，目前还不清楚其原理，而且盐的熔点不高，又溶于水，并非良材。①

以盐助燃也见于居住在土耳其中部盐湖周围的村民，他们习惯将在盐湖中采集的盐块运回家中，铺垫在炉灶的底部。据说这样即使燃料不是很多，铺在炉底的盐也会使炉内的火焰平稳地燃烧。人类正是利用了盐的这一特性，在早期金属冶炼过程中用盐助燃。②

16世纪中叶，西班牙人征服美洲后，在墨西哥发明了天井采银技术。这种工艺需要用盐将银从矿石中分离出来，因为盐中的钠会帮助提取杂质。天井采银工艺需要耗费大量的盐，西班牙人便在邻近银矿的地方建造了一座大型盐场。③

盐对古代造船业也很重要。若建造一艘新船，下水的第一道重要程序是用这条船运一趟盐，这将有益于加固船体，延长使用寿命。清代李廷钰在《靖海论》中说过这么一段话："及乎船工完杠具备，令先运盐，勿为急用。盖木因渍而润，生钉被腌而锈。长润而不裂，锈则愈固。而又须每三两月间一燂洗，方无苔蟒④黏结，辄至驾驶不前之患。"⑤

盐从远古起就被人类用于医疗。此外，盐在美容方面的作用也不容低估。世界上很多民族都有用盐预防疾病、辟邪、祛恶的习俗。在中美洲，玛雅人把盐作为药品，并与一种植物的叶子混合用于控制生育。有些民族甚至将盐视为精液，古罗马人就常常将"盐"与"好色"（Salax）联系到一起。在中国古代，盐也很早就被用于医疗。《唐本草》中记载有以光明盐、绿盐治疗头痛和眼疾的医案。明代李时珍曾言："盐为百病之主，百病无不用之。"盐的传统医疗功用主要体现在治疗呼吸系统疾病（包括感冒、咳嗽）、消化系统疾病、泌尿系统疾病和耳鼻口腔疾病等方面。对于腹痛、中毒、中暑、

---

① 承蒙中国科学院自然科学史研究所苏荣誉先生提供资料，特此致谢！
② Blümner, Hugo.Salz. In Georg Wissowa et al. (eds.).Paulys Realencyclopädie der classischen Altertumswissenschaft I A2. Stuttgart, München: Artemis, 1920:2091；Bloch, Maurice R.. Zur Entwicklung der vom Salz abhängigen Technologien: Auswirkungen von postglazialen Veränderungen der Ozeanküsten,Saeculum, 1970, 21: 2-3.
③ Kurlansky, Mark. Salt: a world history. New York: Walker Co., 2001.
④ 蟒，蜉蟒（也称蜉蝣）的省称。一种昆虫，其幼虫生活在水中，成虫呈褐绿色，有四肢，生存期极短。
⑤ 李廷钰：《靖海论》。见陈锋辑注，厦门市图书馆编：《厦门海疆文献辑注》，厦门：厦门大学出版社2013年版，第228页。

便秘、痔疮、皮肤病等也有一定疗效。在中国海南的儋州地区,当地盐民家家户户都贮藏有保存数年甚至十余年的"老盐巴"。他们认为老盐性凉,味不苦,可降热下火,起到消炎解毒、消肿化瘀、祛风湿及治疗眼疾和腹泻等功用。

如今,世界上有很多国家在古老的盐矿内开设医疗保健设施。医疗专家认为,矿物盐中含有大量对人体有益的物质。如果在矿洞中待上一段时间,这些矿物质会被人体自动吸收,达到有效减缓呼吸系统疾病、降低血压、调节消化功能的医效。如今,"盐疗"正在被越来越多的人所推崇。

德国南部的施瓦比什哈尔(Schwäbisch Hall)是一座古老的盐城,当地蕴藏的卤水含盐量仅为1%~5%,中世纪时,当地盐厂制作了一种称作"Gewöhrdgradierung"的提浓设施。这是用当地生长的一种灌木搭建的高大照壁式荆棘丛墙,墙顶部置有浅水槽,将低度卤水抽到顶部,水槽灌满后自动下流,经过浓密的灌木枝条,延缓了卤水下降的速度,在风力和阳光的作用下冷凝蒸发,卤水经反复的上升和下降淋滤,含盐浓度也不断升高,再用这些卤水制盐,可大大节约成本开支。据说这种设施最早出现在意大利,后来被德国人加以改造利用。直到今天,在德国巴特克罗伊茨纳赫(Bad Kreuznach)一带的疗养院中还保留了一批这类设施(图1.8)。但现在不是为了制盐,而是利用这类设施改善疗养院的空气环境,营造一种咸湿的空气氛围,这有利于病人的健康,特别对呼吸道系统疾病有极好的疗效。①

这类设施后来也传入美国东部地区和中国。19世纪末到20世纪初,在中国西南地区的一些盐产地也建有类似的淋滤设施,不同的是采用竹子枝条搭建。随着传统制盐业的萎缩,现在都消亡了。近几年来,随着旅游业的兴起,为发展观光产业,有些地区开始重新修建了此类设施,供游客观赏,但尚未见有用于医疗保健行业者(图1.9)。

随着人类进入近现代社会,盐在化学工业中开始扮演越来越重要的角色。盐作为"纯碱"和"烧碱"的基础原料,俗称"化工之母"。在很多国家,两碱工业用盐都很多,在中国占到80%以上。如今,盐已经成为很多化工领域(化肥、陶瓷、玻璃、氯碱、药物、消毒剂、化妆品等)不可或缺的生产原料。盐还起着冷冻剂、氯化剂和稀释剂的作用,在染色过程中可以提高染料的上染率及固色率。总之,盐对一个国家的国民经济有深刻的影响。也

---

① 2006年李水城在德、法两国考察制盐遗址时所见。

正因为如此，西方人一直认为：盐几乎就是个小宇宙。对于盐的研究也涉及诸多学科领域。

随着全球化的到来，盐扮演的角色也在不断变化。在一些历史上有重要影响的盐产地，盐业生产逐步转化为旅游和美容医疗产业的资源，为各地的经济发展做出了重要贡献，也在普及科学文化知识方面发挥了积极作用。

图1.8　德国南部巴特克罗伊茨纳赫淋滤卤水的荆棘丛墙（李水城摄）

图1.9　中国四川大英县复制的浓缩卤水的荆棘丛墙

第二节　制　盐

一、盐的来源和制作技术

盐的来源主要有四种，即固态的岩盐、液态的海水、固态岩盐融化形成的盐泉及含盐植物。岩盐可直接开采，其他几类则需先制成卤水，再经熬煮或日晒蒸发成盐。盐的这种多样性意味着并非所有盐产地的制盐工艺都一样，相反，盐的形态特征和生产特征在很大程度上取决于它所在的位置和原材料。人类最早食用的盐有可能是液体的咸水，也可能是自然结晶的盐，但只有后者才更便于储存和运输。[①]

中国古人认为："天生曰卤，人生曰盐。"也就是说自然天成的为卤，经过人为加工的才是盐。实际上，自然界就有天生的盐，除了出露在地表的岩盐外，地球上有很多盐浓度较高的咸水湖，如近东的死海，中国青海的茶卡盐湖、西藏阿里革吉县的扎仓茶卡盐湖、新疆的罗布泊，土耳其的图兹盐湖、玻利维亚的乌尤尼盐湖等，这些盐湖会自然结晶成盐。历史上山西南部的运城河东盐池，每逢春夏之交，南风袭来，湖水也结晶成盐。但这些自然生成的盐，大多含有杂质，不仅口感不好，也不利于健康。即便是岩盐，开采出来也不能直接食用。

人类获取食盐的技术主要有以下几类：第一类是通过挖掘开采地下蕴藏的岩盐。具体开采方法也分为两种，一种是直接开采固体岩盐，如在北非撒哈拉沙漠的萨布哈（sebkhas）盐滩，人们在露天的矿沟内随意挑选高品质的盐层，将其直接切割成标准大小的盐板，运到市场上销售。这里的岩盐在形成过程中已排除了大部分杂质，变得非常坚硬，能够满足交易的所有要求，包括纯度和硬度。即便有些盐层含有杂质，在经过潮湿的环境和阳光曝晒（超过60℃）后，会有一个自然净化过程，使盐块变得像玻璃般透明。[②]不过一般来说，岩盐在形成过程中，有些挥发性杂质（碘及镁盐等）消失了，但也有新的杂质（氧化铁等）加入进来，因此，岩盐大多都需要化成水后再熬制成盐方能食用。如在奥地利的哈尔施塔特，青铜时代至铁器时代的矿工就是将岩盐开采到地面以后再重新液化熬煮制盐。另一种方法是在找到矿脉

---

① Bloch, Maurice R.Zur Entwicklung der vom Salz abhängigen Technologien: Auswirkungen von postglazialen Veränderungen der Ozeanküsten. Saeculum, 1970, 21: 2-3.
② （法）魏井仁、顾磊：《盐业技术：从中国长江流域到世界背景》，（法）史宝琳、杨琳译，《南方文物》2018年第1期。

后，往矿井内注水，再将融化的盐水抽取出来制盐，如在奥地利的哈莱茵（Hallein）和中国云南云龙县的诺邓就采用后一种方法。第二类是通过煎煮或蒸发卤水制盐。史前时期，人类用陶器在炉火上慢炖熬煮制盐。进入铁器时代以后，制盐陶器被金属器具取代。再后来，沿海地区发明出盐田，采用大规模的日晒蒸发制盐，产量有大幅提高，也更加的经济节能，这种方法一直延续到今天。第三类是通过淋滤地表含盐的泥土获取卤水制盐，用淡水淋洗盐土还有助于将一些化学杂质除掉。但也有些方法比较特殊，如在法国大西洋沿岸的旺代省（Vendée）和夏朗德省（Charente），海滨地带分布着大片咸泥，但泥中所含盐分无法通过淋滤析出。早在铁器时代晚期，当地人发现可将地表的咸泥刮取下来，用火焚烧后再经淋洗即可析出浓卤水制盐。第四类是通过焚烧一些含盐植物，再将焚烧后的灰烬用水淋洗，析出盐分来制盐。在印度尼西亚的新几内亚岛和中南美洲，至今还有土著采用此法制盐。世界上的含盐植物种类很多，有些含氯酸钠[①]，有些不含，所含氯酸钠的浓度也不一样，但都含有大量钾盐。在日本，人们很早就将富集盐分的马尾藻晒干焚烧，再通过淋滤获取卤水制盐。这种"藻盐"如今已成为一种极受民众欢迎的特色传统商品。

  盐的生产制作是个近乎程序化的操作链，从最初的寻找原料、制作和获取卤水，再经提浓、去除杂质，通过煎煮或日晒，最后得到结晶的盐。这个系列过程中的每个步骤都有着复杂的物理化学变化。

二、卤水及其蒸发提浓

  制盐的首要步骤是获取卤水，其来源是海水、埋藏在地下的卤水或出露的盐泉和盐沼。地下卤水是部分留在内陆的海水通过水气界面蒸发，浓度增加，比重加大，下沉渗流至泥沙层内聚集，再经环境演化逐渐生成的。卤水是离子浓度很高的硬水，含大量的钠、钾、钙、镁等碱金属和碱土金属离子及氯离子、硝酸根、硫酸根、碳酸根、碳酸氢根等阴离子，可形成种类丰富的盐。在卤水湖形成过程中，溶解度最低的盐类最先从卤水中析出，主要是钙、镁的碳酸盐。由于钙、镁的碳酸盐特别是碳酸钙在水中溶解度相当低，所以在富含卤水的区域有大量灰岩和白云岩等碳酸岩存在。[②]

[①] 氯酸钠的化学式为$NaClO_3$，相对分子质量106.44。通常为白色或微黄色等轴晶体，味咸而凉，易溶于水、微溶于乙醇，有毒。工业上主要用于制造二氧化氯、亚氯酸钠、高氯酸盐及其他氯酸盐。
[②] 韩有松、孟广兰、王少青等：《中国北方沿海第四纪地下卤水》，北京：科学出版社1996年版。

卤水的现代定义是：其一，盐类含量大于5%的液态矿产。聚集在地表的称表卤水或湖卤水，埋藏在地下的称地下卤水，还有与石油聚在一起的称石油卤水。其二，学名为盐卤。盐卤是海水或盐湖水制盐后残留下来的母液，主要成分有氯化镁、硫酸钙、氯化钙及氯化钠的混合物，味苦。

中国古文字中的"卤"字很像是将卤水引入卤池进行蒸晒的象形（图1.10）。李约瑟（Joseph Needham）就将其解释为："那是一个蒸发咸水的盐池鸟瞰图。"《说文·卤部》的解释为："卤，西方咸地也。从西省，象盐形。安定有卤县。东方谓之㡿，西方谓之卤。"段玉裁注："《禹贡》青州'海滨广斥'，谓东方也。"据此可知，卤虽取自天然，但在不同地域有不同的称谓。大抵西方曰"卤"，东方曰"斥"。"卤"为西方咸地所生，"斥"为东方海水侵蚀之地所出。①

图1.10 中国古文字的"卤"

有了卤水以后，也不是马上就能制盐。世界上除了少数的内陆盐湖以外，大部分海水或盐泉的含盐量都较低，制盐之前需要提浓处理。如果采用低浓度的自然卤水制盐，会耗费大量的燃料和工时，得不偿失。因此，如何纯化和浓缩卤水、节省燃料便成为制盐首先要考虑的问题。为解决这个问题，人类很早就探索出一系列的浓化卤水方法。在世界各地，卤水提浓技术可谓五花八门。其中，最直接的方法是日晒蒸发，这也是现代海盐生产惯常使用的。小规模的制盐可利用海边淤泥、沙土、某些海草或海藻、朽木、椰子壳、椰子茎、香蕉树茎、棕榈树叶以及组织结构类似海绵、吸水的植物等，将其浸泡在海水或盐泉中汲取盐分，待含盐量达到一定程度，通过淋滤饱含盐分的泥沙获取浓度适宜的卤水，有机类植物则可通过焚烧、淋滤的方法得到制盐卤水。有些热带雨林还生长着一些含盐的植物，可将其收割后晒干，再焚烧淋滤获取卤水。

在欧洲的历史上，意大利人曾利用荆棘丛墙将卤水上下循环，再经风吹和日晒蒸发获取浓缩的卤水。这种方法也见于中世纪的德国及近代的北美东部和中国西南地区。此外，也可利用熬煮制盐过程中的炉火余温将卤水预热进行提浓。

---

① 冯时：《古文字所见之商周盐政》，《南方文物》2009年第1期，第57-71页。

卤水达到怎样的浓度才能制盐？人类在这方面也有很多奇巧的创意。在古代中国，制盐前普遍用莲子测试卤水浓度。人们将莲子投入卤水，根据莲子的沉浮情况评估卤水的含盐度，决定是否可以熬盐。唐代段成式在《酉阳杂俎》中记道："石莲入水必沉，唯煎盐咸卤能浮之。"这是说，将质地坚实的莲子投入卤水，莲子会根据卤水的含盐浓度高低漂浮在不同深度，若含盐浓度低莲子会沉底，若含盐浓度高，莲子会飘浮在表面。北宋时期的《太平寰宇记》最早记载有用莲子测试卤液浓度的具体方法："取石莲十枚，尝其厚薄，全浮者全收盐，半浮者半收盐，三莲以下浮者，则卤未甚。"宋代史学家姚宽曾任台州主管制盐的官员，他在检查盐商出售的食盐质量时也采用莲子测试法。他在《西溪丛语》中说："予监台州杜渎盐场日，以莲子试卤，择莲子重者用之。卤浮三莲、四莲，味重；五莲尤重。莲子取其浮而直，若二莲直，或一直一横，即味差薄。若卤更薄，即莲沉于底，而煎盐不成。"说的是用五颗莲子检测卤水浓度，可分四等。五颗全都竖直浮于表面，盐分最浓；三颗或四颗浮于表面，浓度其次；两颗竖直浮于表面，或一颗竖直、一颗横向浮于表面，浓度为稀；莲子全部沉底，浓度稀薄，不能熬盐。宋代开创的莲子检测卤水浓度法，尽管不是很精准，却非常实用，一直沿用到近现代。

在不同地区，人们创造出不同的检测卤水浓度法。在海南的儋州地区至今还保留着传统火山岩盆晒制海盐的方法。盐工们在检测卤水浓度时，选用一种海边生长的名叫黄鱼茨的绿色灌木，这种灌木枝多叶少，可随意折取一截枝条，投入卤水缸内，若枝条横浮在卤水表面，说明卤水已达适宜浓度，可以晒盐了，其原理与莲子的方法相同。

如今，现代制盐业采用科学仪器波美比重计检测卤水的浓度，所得数字即波美度（°Bé），用来表示溶液的含盐浓度。[1]

三、清除卤水杂质的方法

盐洁白透明，形状呈立方结晶体。用普通方法制成的盐，除了含氯化钠和水分外，还有硫酸钠（Na_2SO_4）、硫酸钙（$CaSO_4$）、硫酸镁（$MgSO_4$）、硫酸钾（K_2SO_4）、氯化钾（KCl）、氯化钙（$CaCl_2$）、氯化镁（$MgCl_2$）、

---

[1] 波美度以法国化学家波美（Antoine Baume）命名。波美系药房学徒出身，曾任巴黎药学院教授。他创制了液体比重计——波美比重计，有两种：一种为重表，用以测量比水重的液体；另一种为轻表，用以测量比水轻的液体。不同溶液的波美度测定方法相似，均用测定比重法，据所测得的比重，查表换算浓度。如今对不同溶液的波美表都是专用的，如酒精波美表、盐水波美表等。

氯化钡（$BaCl_2$）、氯化铝（$AlCl_3$）、氯化铁（$FeCl_3$）及有机物与不溶解物的混合，这些杂质有害人体健康。

在制盐过程中有一道工序是清除卤水中的有害杂质，否则，制出的盐会因为含有害杂质，口味不好，甚至不适宜用来加工和制作某些食品，如古人常做的腌鱼和腌菜等。

在我国四川自贡，传统的方法是待锅内的卤水烧至饱和，卤面稳定，浓度达 21 波美度时，卤水开始出现盐花，此时在卤水中倒入豆浆，豆浆随即与卤水产生化学反应，加速杂质的"絮凝"，那些有害杂质会以泡沫形式集结到卤水表面，盐工们只需将这些泡沫捞出倒掉即可除去部分杂质。接下来还有一道工序，结晶的湿盐刚被捞出时呈微黄色，盐工要往这些湿盐上浇一种苦涩的液体"胆水"①，利用不同化学成分的不同溶解度可将湿盐中的残存杂质进一步淋滤出来，且不溶解盐。淋滤后的盐从颜色微黄变为洁白无瑕。淋滤下来的"胆水"还可回收，重复使用，也是制作豆腐的原料。现代制盐工厂在卤水蒸发冷却后，析出氯化镁的结晶，也称"卤块"，为我国北方制作豆腐的凝固剂，可使豆浆中的蛋白质凝结。用卤水点出的豆腐硬度、弹性和韧性都较强，习称老豆腐、北豆腐或硬豆腐。

据德国的中世纪文献记载，西方在制盐时采用的方法是在卤水中加入动物血或啤酒，即可达到与豆浆同样的除杂效果。在英国柴郡（Cheshire）的南特维奇（Nantwich）盐场，加入的除杂物质有血液、麦芽酒、黄油、明矾或蛋白等不同物质，获取精制的盐。② 德罗伊特维奇（Droitwich）有位官员说，只需要在大量盐水中加入少量蛋白即可"清除锅里的灰尘"。③

在菲律宾的波霍（Bohol）岛，当地传统的制盐方法是将充分吸附海水盐分的椰子壳晒干，再将其焚烧成灰，对这些焚灰加以淋滤，即可获得制盐的浓卤水。焚灰的过程看起来很脏，而且经过椰子壳的吸附和焚烧后，添加了很多植物体内所含的钾和其他杂质，似乎不利于食用。但经过分析研究表明，通过过滤和沉淀焚灰会产生某种化学反应，将卤水中苦涩的镁和其他杂质在熬煮之前清除掉。特别是燃烧椰子壳的过程会产生大量活性炭，这种优

---

① 胆水即制盐的母液，为硫酸镁、氯化镁和氯化钠的混合物。
② William Jackson. Inquiries concerning the salt springs and way of salt making at Nantwich in Cheshire. Philosophical Transactions of the Royal Society of London, 1669, 4: 1060-1068.
③ Rastell, Thomas. An account of the salt waters of Droitwich in Worcestershire. Philosophical Transactions of the Royal Society of London, 1678, 12(142): 1059.

良的吸附剂在除杂过程中发挥了很大作用。①尽管焚灰中钾的含量几乎增加了一倍，但大部分有害杂质特别是苦涩味道的镁被留在了过滤器内。

然而，上述各种清除杂质的工艺都很现代了。在早期陶器制盐阶段，人类究竟是用什么方法清除卤水中的杂质呢？据研究，卤水在沉淀过程中已有部分杂质沉淀到底部。如果在卤水中加入草木灰，吸附杂质效果更佳。在制盐遗址普遍发现有卤水蒸发池、蓄卤坑池等设施，这些存放卤水的设施也都有沉淀净化卤水的功能。

人类在史前时期的陶器制盐阶段，会利用制盐陶器的多孔性将部分杂质清除。由于掺杂较多砂石或其他有机羼和料的制盐陶器胎骨孔隙多，渗透性能好，在将湿盐水分过滤的渗透过程中，残存在结晶湿盐中的杂质会随着水分的流失被带走。其原理为，可溶性矿物杂质的结晶过程要晚于氯化钠，湿盐捞到陶器内，残存其中的杂质仍以液态存在，通过陶器的渗水性便可将其清除。②

另外还有一种传统的方法，即用煮盐容器在熬煮过程中吸附部分矿物杂质。其原理为，当卤水浓缩到原体积的50%时，那些最具不溶性的钙化物——石灰石（碳酸钙）和石膏（硫酸钙）被沉淀析出。在氯化钠结晶前，这些杂质已经被清除了。当卤水缩减到原体积的9.5%时，氯化钠开始结晶。此时将湿盐捞出，可避免与含杂质的卤水混合。待卤水体积进一步缩减到4%时，再不捞出湿盐，氯化钠便会与更多的可溶性矿物杂质混合。很多煮盐器具，无论陶器还是金属器，都会在器物内壁积淀一层灰白色的垢状杂质。

海水晒盐可通过保卤的过程使波美度达到饱和，将硫酸钙一类杂质的大部分析出。通过灌卤，蒸发析出结晶的氯化钠。再通过换卤（在氯化镁、硫酸镁等杂质结晶析出之前将卤水换掉，灌入新卤），达到清除杂质的目的。海水中矿物杂质较氯化钠溶解度低，当海水被移至下一个池塘，杂质便会留在原池塘底部被分离出来。结晶的盐被收集起来后，可用含盐的水清洗，将那些较氯化钠更易于溶解的矿物杂质溶解掉，而盐的晶体则保存完好。

随着科学进步，现代制盐业采用将原盐化成水，用真空罐浓缩蒸发结晶或其他方法加以精制，除去杂质，提高氯化钠含量；或直接汲取海水，用离

---

① 这是美国学者Beatrice Hopkinson 2004年5月在加州大学洛杉矶分校举办的"长江沿岸早期盐业生产的比较观察"学术研讨会上提交的论文A New Paradigm for Bronze and Iron Age Evidence of Saltmaking中提出的，见该文注68。此文未发表。
② 这是美国学者Beatrice Hopkinson 2004年5月在加州大学洛杉矶分校举办的"长江沿岸早期盐业生产的比较观察"学术研讨会上提交的论文A New Paradigm for Bronze and Iron Age Evidence of Saltmaking中提出的，见该文注29。此文未发表。

子交换膜法电析浓缩卤水蒸发结晶,制成纯度极高的精盐供食用。即便是工业用盐,纯度也要高,杂质要少,方能减少在使用前处理的困难,因为盐所含的杂质特别是含镁、含钙及含硫酸根过高的盐容易损坏机器。①

四、制盐工艺及演变

人类早期究竟怎样用"陶器"来制盐,这个问题在学术界长期存在激烈争论。尽管有很多人想办法进行实验,但距最终解决问题还有很长的路要走。而且世界各地的制盐原料、工艺技术和工序有所不同,有时差异很大。在德国中部的萨尔(Saale)河谷,制盐流程包括了如下步骤:② 第一步,在盐灶的地面涂泥,然后等距离放置并固定圆柱状支脚,再将制盐陶器放在圆柱支脚顶部;第二步,将卤水注入陶器;第三步,在支脚之间点火熬煮;第四步,煎煮至陶器内卤水减少,向陶器内不断补充卤水;第五步,将开始结晶的黏稠状湿盐从陶器内捞出,转入容积更小的陶模具内烘烤,至蒸发干燥,形成盐锭。③

史前时期,世界各地普遍采用陶器熬煮制盐,常见的方法有两种。一种是用大型容器在盐灶上熬煮,待卤水开始结晶,再将湿盐捞取出来,转入小型容器内,烘烤或晾晒,排除水分,获得干燥的盐锭。或直接捞出晾晒包装。另一种是直接使用小型陶器熬煮制作盐锭。陶器制盐阶段普遍采用文火低温熬制,炉温应在60℃~70℃(图1.11)。

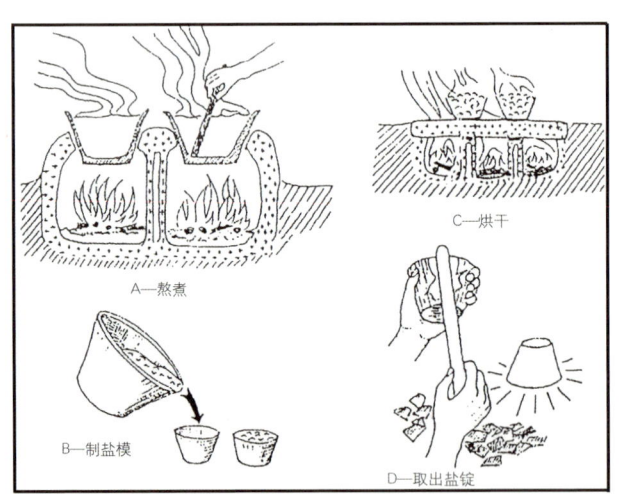

图1.11 早期使用陶器制盐的基本流程(引自Marie-Yvane Daire,1994)

---

① 田秋野、周维亮:《中华盐业史》,台北:台湾商务印书馆1979年版,第7-8页。
② Nenquin, Jacques. Salt,a study in economic prehistory. Dissertationes archaeologicae Gandenses, VI. 6. Brugge: De Tempel,1961; Riehm, Karl. Prehistoric salt-boiling. Antiquity ,1961a, 35: 181-191.
③ 罗泰:《研究项目的背景和目的》。见李水城、罗泰:《中国盐业考古(第一集)——长江上游古代盐业与景观考古学研究》,北京:科学出版社2006年版,第10页。

进入铁器时代以后，传统使用陶器制盐的方法很快被淘汰，普遍改用铜或铁制的金属锅（牢盆）或大型的浅盘熬煮制盐，炉温也可提高到100℃。

利用盐田日晒蒸发的制盐技术出现较晚。我国西藏芒康的盐井盐田和海南儋州一带的火山盐槽晒盐的方法据说都可追溯到唐朝，但这都还无法从考古学的角度加以证实。山西南部的运城盐池很早就是天日晒盐，从未经历熬煮的阶段。有人认为，早在唐代，运城就出现了垦畦浇晒法，改变了以往天然印成、集工捞采的制盐生产方式，并积累出一整套的晒盐技术，通过各种渠道向沿海地区传播。①但利用阳光蒸发海水晒盐的工艺出现时间较晚，有明代、元代、宋代等几种不同说法。据《明史·食货志》记："盐所产不同：解州之盐，风水所结；宁夏之盐，刮地得之；淮浙之盐，熬波；川滇之盐，汲井；闽粤之盐，积卤；淮南之盐，煎；淮北之盐，晒；山东之盐，有煎有晒。此其大较也。"粤盐还有"盐有生有熟，熟贵生贱"之说。此处生盐是指日晒之盐，熟盐指煎煮之盐。总之，海水晒盐需要一系列的技术支撑和生产实践的积累，至今尚无可靠的考古发现，具体何时出现，还是一个待研究的问题。据《中国盐业史（古代编）》的说法："晒盐法很可能在南宋时已存在于福建，但它在较大范围内的应用，则是元代的事。"②明代后期得到进一步发展。

海滩晒盐法较之以往的传统火煎法是制盐业的一次技术革命，从此，海盐生产得到了大规模发展（图1.12）。明代《天工开物》记："引海水入池晒成者，凝结之时，扫食不加人力，与解盐同。"井灶兴起于莱州湾沿海一带。因此也有人认为，海滩晒盐之法是从北方盐区首先兴起，然后扩展到其他岸段。但相反的说法是，海滩晒盐法是从南方向北方传播推广的。从中国盐业发展的历史看，似乎自北而南的可能性较大。

图1.12　海盐制作的传统场景（引自德国学者安德列斯·芮内克的演讲演示文稿）

---

① 柴继光：《中国盐文化》，北京：新华出版社1991年版，第99页。
② 郭正忠：《中国盐业史（古代编）》，北京：人民出版社1997年版，第437页。

五、现代海水制盐的原理及程序

盐卤是一种成分相当复杂的电解质混合溶液。以海水论，水约占96.5%，各种盐类总量约占3.5%。其中，各种盐类均以离子状态存在于海水中，主要有氯、钠、镁、钙、钾和硫酸根（Cl^-、Na^+、Mg^{2+}、Ca^{2+}、K^+、SO_4^{2-}）等六种离子，以钠离子和氯离子最多。

在"水竭成盐"的条件下，这些离子相互结合成性质不同的离子化合物。其中含量最多的是氯化钠（$NaCl$），还有一定数量的氯化镁（$MgCl_2$）、硫酸镁（$MgSO_4$）、硫酸钙（$CaSO_4$）、亚硫酸钙（$CaSO_3$）和极少量的氯化钙（$CaCl_2$）、氯化钾（KCl）等杂质。所谓杂质是指氯化钠以外的其他物质，包括不溶的悬浮粒子和可溶的各种盐类。在可溶盐中以氯化镁、硫酸镁和硫酸钙最多，其次是硫酸钾和亚硫酸钙。可能还有极少量的氯化钙和氯化钾，对人体无害，可不计。其余杂盐特别是硫酸镁和氯化镁口味苦涩，如果全部留在食盐中，对人体的毒副作用甚于今天的所谓"工业盐"。

传统的制盐方法是通过用火煎煮或自然晾晒使其水分蒸发，提高卤水浓度（用波美度°Bé表示），获得氯化钠结晶体。由于不同盐类在卤水中的饱和度不同，其结晶和析出时间也不同。渤海卤水开始析出氯化钠结晶的饱和点为25.4°Bé（25℃），称为饱和卤水。在常温情况下（0℃以上），卤水达到14°Bé时硫酸钙开始析出，23°Bé时析出量达80%以上，30.2°Bé时全部析出；氯化钙在15°Bé～27°Bé的范围内全部析出；氯化钠在25°Bé左右开始结晶，26°Bé～28°Bé时析出量最大，到30.5°Bé全部析出；硫酸镁的饱和度是28°Bé～32°Bé；氯化镁的饱和度是29°Bé～33°Bé，到33°Bé时开始大量析出。

海水制盐的过程、标准要求：近代海盐提取基本上可分为直接从海水提取或从天然卤水中提取两种。传统盐场通过沉淀、倒池和换卤等工艺来排除杂质，提高食盐纯度。渤海和黄河三角洲均采用晾晒蒸发的提取方式，这种制盐方法大致可分为提卤、蒸卤、保卤、灌卤、结晶、换卤和收盐几道工序。

提卤，即把海水或天然卤水从海里或卤水井中提到储水池。蒸卤，将海水分批引入蒸发池（天然卤水常直接进入蒸发池），通过自然晾晒，提高波美度。保卤，在波美度达到饱和临界值，硫酸钙已大部析出时，再导入储卤池（井）备用。储卤池（井）通常较深，有沉淀不溶杂质和防雨作用。灌卤，将沉淀好的洁净饱和卤水一次性灌入结晶池（灌卤深度通常在15厘米以上），通过进一步蒸发，析出氯化钠结晶。换卤，当氯化钠结晶峰值过后，波美度达到30°Bé左右，在氯化镁、硫酸镁结晶大量析出之前将卤水换掉（存入老卤水井），再灌入新卤。最后收盐，可在几次换卤后到下一次换卤之前进行，也可在一个产盐季结束时实施。

储水池和蒸发池通常不需做特别处理，只需按容积和深度要求做好池畦即可。蒸发池通常有三到五级，最后一级蒸发池通常需要做简单的压实整平，以降低即将达到饱和度卤水的杂质含量。储卤池需另做防渗处理。结晶池要求十分严格，通常要经过按比例调配黏土、沙土，用临界饱和卤（不能有氯化钠结晶体）浸泡，再翻动、搅拌、摊平、沉淀、晾晒和压实等几个步骤，目的是优化氯化钠的结晶条件，提高晶体纯度，防止成盐和收盐过程中泥沙颗粒混入。结晶池做好后，还要先行赶混（用少量饱和卤冲洗结晶池直至卤水清澈），才能灌卤。①

海水含盐总量为3.5%的溶解矿物固体，其中2.95%为氯化钠。将海水集中于浅的水塘，矿物杂质较氯化钠的溶解度低，当海水被移至下一个池塘，杂质会留在原池塘底部分离出来。由于矿物杂质比氯化钠更易溶解，含硫酸镁、镁、氯化钾及溴化物和碘化物的苦盐比较难去除。这些杂质沉淀在结晶池中与氯化钠相同的范围中。今天，盐被收集起来后，用含盐的水清洗，可将那些较氯化钠更易溶解的矿物杂质溶解掉，盐的晶体保存完好。古老的办法是将粗盐堆叠起来，使其不受露水或雨水影响，时间长达一年之久，这一方法至今在很多地方还继续保留着。

---

① 王云鹏：《古代煮盐"豆浆提纯工艺"解析》。见山东省文物考古研究所：《海岱考古（第五辑）》，北京：科学出版社2012年版。

第三节　早期制盐出现的时间和地点：考古学的视角

人类何时开始制盐？这个问题考古学家也很难回答。在狩猎—采集经济阶段，人类靠取食动物的肉、血、奶等满足身体所需的盐分，不需要再额外补充盐，也不制盐。进入全新世以后，世界上仍有很多的狩猎—采集民族不事农耕，不制盐，甚至不怎么吃盐。

在人类历史的早期，人类不会制盐，但大自然有天然的馈赠。在我国山西南部的运城，每年春夏之交，南风袭来，盐池便自然生出结晶的盐花。在一些盐泉出露地区，有时人们会直接食用天然卤水。20世纪60至70年代，由于食盐供应紧缺，在四川成都平原和长江三峡某些历史上产盐的乡村，村民们会汲取盐井中的卤水煮菜稀饭食用。直到今天，每年春夏之交，在我国西藏北部的羌塘草原仍有一支藏民的牦牛驮队赶着大群牦牛长途跋涉前往赞宗盐湖，采集湖面结晶的盐块，运出供人们食用。[1]

世界各地的民族志证实，有些民族可以不用陶器制盐。如新几内亚的约鲁巴人靠种植一种含盐植物来获取盐，类似方法也见于中美洲热带雨林的某些民族。在东南亚，有些世居民族将富含纤维的植物茎秆、朽木、椰壳等有机物放入盐泉或海水中浸泡汲取盐分，然后晒干，焚烧成灰，再淋滤出卤水制盐。制盐的简易容器有的用木头削制，有的则用椰壳或竹编器具，在其表面涂抹泥土、蜃灰（蚌壳烧制的石灰）权充熬盐容器。在欧洲的 Poina Slatinei 地区就发现可能是不采用陶器的制盐活动痕迹，考古学家发现那里的古盐泉周围曾有燃烧的遗迹，年代可上溯到公元前六千纪的上半叶。[2] 近些年来，在法国阿尔卑斯山的 Moriez 地区发现有公元前六千纪前半叶人类制盐的考古证据。[3] 这些发现表明，有些制盐活动不会留下任何的物质遗存，这大大增加了考古学家寻找早期制盐遗址的难度。

进入新石器时代以后，人类进入农耕社会，饮食结构发生很大改变，开

---

[1] 加央西热：《西藏：最后的驮队》，北京：北京十月文艺出版社2004年版。
[2] Weller, O., Gheorghe Dumitroaia. The earliest salt production in the world: an early Neolithic exploitation in Poiana Slatinei-Lunca, Romania. Antiquity, 2005, 79: 306.
[3] Denis Morin, Catherine Lavier, Myette Guiomar et Michel Fontugne. Aux origines de L'extraction du sel en Europe (VIe millénaire av.JC). La source salée de Moriez, Alpes-de-Haute-Provence. Weller, O., Dufraisse, A., et Pétrequin, P. (ed.). Sel, eau et forêt, D'hier À aujourd'hui. Presses universitaires de Franche-Comte, 2008.

始以碳水化合物的谷物为主食，肉食减少，在这一背景下，人类开始额外地补充盐，以满足身体需要。随着对盐的需求增加，人类也开始主动寻找和开发盐业资源。[①]上述理论不仅能解释人类制盐活动出现的大致时间，也可以解释为何内陆地区的盐业开发较沿海地区要早的现象。一般而言，居住在海边的人较容易获取和食用海产品，从食物中很容易获取到盐，摄取盐的几率要远高于内陆。因此，沿海地区人的制盐机制和动力要远远逊于内陆，制盐出现的时间也明显晚于内陆。

迄今为止，世界各地考古发现的早期制盐遗址都已发展到一定的规模。欧洲的盐业考古学家认为，东南欧的喀尔巴阡山东部拥有丰富的盐泉，很可能在新石器时代之初就被开发利用。在罗马尼亚的布科维纳（Bukovina）、靠近索尔卡（Solca）的斯拉蒂纳·马雷（Slatina Mare）一带，大量的盐泉密集分布在这里。有学者指出，在一些属于公元前六千纪的克勒什（Koros）文化地层曾发现早期的制盐陶器。但也有学者对此并不认同。[②]根据在靠近这个地区的卡奇卡（Cacica）遗址地表采集到的遗物看，上述说法的不确定因素似乎更大一些。[③]

从现有考古发现看，人类最早的制盐活动主要集中在欧洲的东南部，时代为新石器时代中期。如果说此前还有个起源和发展阶段的话，至多也只能追溯到新石器时代早期的偏晚阶段。人类之所以在此时开始制盐，估计主要还是出于进入农耕社会后食物构成的变化增加了对盐的需求，当然，其中也有盐业生产的内在动力驱使。

从事物的发展逻辑考察，即便人类掌握了陶器制盐技术，但在制盐活动滥觞之初，也不会制作专门的制盐器具，人们可能会用普通的日用炊具来制盐，生产规模很小，仅能满足自身群体的需要，这类制盐活动也很难留下被考古学家观察到的陶器证据。不过，人类早期的制盐活动只能出现在盐卤资源较丰富的地区，假如这类地区的古遗址数量和规模表现出某些异常，必然会引起考古学家的注意，曾有盐业考古学家就中欧地区某些类似发现做出过推测。需要注意的是，判断某个遗址是否出现制盐，除了要有制盐器具方面

[①] Brown, Ian W.. Salt and the Eastern North American Indian:an archaeological study (Lower Mississippi Survey). Peabody Museum of Archaeology and Ethnology.Cambridge:Harvard University Press,1980.

[②] Ursulescu, Nicolae. Exploatarea sării din saramură în neoliticul timpuriu, în lumina descoperirilor de la Solca (jud. Suceava) (L'extraction du sel à partir de la saumure en néolithique ancien, tel qu'il ressort des découvertes de Solca [dép. Suceava]). Studii şi Cercetări de Istorie Veche şi Arheologie, 1977, 28 (3): 307-317.

[③] Andronic, Mugur. Cacica-un nou punct neolitic de exploatare a sării (Cacica–a new Neolithic spot of salt exploitation). Studii şi Cercetşri de istorie veche şi arheologie ,1989,40(2): 171–177.

的证据，还需要寻找其他的旁证。

制盐地点的选择也很重要。在沿海地区，人们一般会选择在距离海岸线较近的地方。如日本列岛的古代制盐遗址都选择在距当时海岸线20～30米的低地，英国东南部艾塞克斯（Essex）红丘（Red Hill）遗址也是如此，此类遗址可直接利用涌入海岸滩涂的潮水制盐。但也有一些遗址在与海岸线有一定距离的地方开采地下的卤水制盐，如我国山东北部的莱州湾就是这样。

在内陆地区，制盐地点会选择在盐泉、盐沼或蕴藏岩盐的地方。史前时期的制盐地点会选择在河谷两岸的阶地，这类地方随河谷下切，盐泉容易涌出，或接近地表，便于开采。以我国四川盆地为例，川东长江三峡地区的制盐业明显早于川西平原，因为川东河谷褶皱带的盐卤资源较川西数量要多，也更接近地表。[①]附带的一个重要原因是，人类早期的交通运输主要依靠水路，在河谷地带制盐，产品便于通过河流向外输出。

有了上述条件，还要考虑这个地区是否有充足的燃料。早期制盐主要依靠煎煮，需要大量燃料，制盐地点必需选在靠近或有充足燃料供应的地区。以我国四川蒲江盐井沟为例，当地的制盐作坊并未选择在盐井附近，而是选在靠近煤矿的地方。

此外，还有其他一些自然因素要考虑。在非洲西部撒哈拉沙漠以南地区的土壤富含盐分，通过淘洗或过滤含盐沙土便可获得制盐卤水，这个地区的很多国家都产盐。但这里极度干旱，有没有充足的淡水资源便成为选择制盐地点的一个重要条件。因此，西非国家的制盐场所往往选择在拥有稳定淡水供应的区域。此外，气候条件也很重要。在中美洲的尤卡坦半岛，拥有良好的气候条件，非常适合制盐，那里的玛雅人很早就会制盐，并因此成为中美洲古文化最发达的地区之一。

接下来要考虑的问题是，一旦制盐业形成商品经济的规模，产品的运输和销售便成为另一个需要考量的重要因素。以法国的Bourgneuf海湾为例，这里是古欧洲重要的制盐产业中心之一，其原因不仅在于当地的气候条件非常适宜制盐，更为重要的是这个海湾处在亚特兰大海岸的交通枢纽位置，还有河流通往内地，非常便于向周边沿海和内陆地区输送产品。

---

① 李小波：《川东古代盐业开发的历史地理考察》，北京大学城市与环境学系硕士论文，2000年。

第二章

欧美盐业考古的滥觞与发展

近现代意义的田野考古学于19世纪起源于西方，中国的田野考古正是在西方的影响下出现的。说到盐业考古的源头，也要追溯到法国、英国、奥地利和德国等西方国家。

第一节　盐业考古的诞生之地：法国塞耶河谷

早在 17 世纪末，法兰西国王就意识到，需要不断强化对法国东部与德国接壤的阿尔萨斯 - 洛林（Alsace-Lorraine）①地区的控制，特别要加强对马萨尔（Marsal）和莫耶维克（Moyenvic）一带盐业资源的保护，这对法国将是有利可图的。也许是为了落实法国王室的旨意，很快，皇家工程师索瓦杰（Royer Artézé de la Sauvagère）就前往摩泽尔河（R. Moselle）的支流塞耶（R. Seille）河谷上游一带进行考察，那里属于洛林地区，历史上素来以盐泉众多而闻名。在塞耶河谷两岸的阶地上，有不少大型土堆形成的一块块高地，土堆内埋藏有大量的烧土和奇形怪状的陶器。在土堆的附近，往往就分布有盐沼或盐泉。通过调查，这位皇家工程师推测，在塞耶河谷的那些大型土堆及埋藏的烧土和陶器很可能就是古代制盐留下的遗存，于是他将那些形状各异的陶器命名为"Briquetage"（图 2.1）。②这个法文单词的前半部分 Brique，即英文 Brick 的词源，字面意思为"砖、砖头、砖块"，加上后缀便成了法文中一个有特殊含义的专业词汇，特指法国洛林塞耶河谷一带制盐遗址中那些像是"砖"和"砖块"的制盐陶器。③

18 世纪初，有关塞耶河谷制盐遗存的发现已为学术界所知。但对于河谷内那些大型土堆的成因和性质，还是有很多不同的解释。有人猜测那是法兰克人（Franks）④在某个时期堆筑的；⑤也有人认为是罗马帝国征服时期，凯尔特人（Celts）⑥留下的遗迹；⑦甚至有人主张，这是旧石器时代杜瑞尼

---

① 阿尔萨斯 - 洛林位于法国东部，包括今天法国的上莱茵、下莱茵和摩泽尔省，普法战争后，法国于 1871 年将其割让给德国。1919 年第一次世界大战后，德国将其归还法国。第二次世界大战期间再次被德国占领，战后再次归还法国。称作阿尔萨斯语的日耳曼方言为当地通用语，当地学校教法语也教德语。
② Briquetage 特指"专业制盐器具"，包括各种形状的"陶棍""陶连接钮"和"煮盐陶容器"等。
③ De La Sauvagère, R., de. Recherches sur la nature et l'étendue de ce qui s'appelle communément Briquetage de Marsal avec un abrégéde l'histoire de cette ville, et une description de quelques antiquit'es qui se trouvent `a Tarquimpole. Paris, 1740.
④ 法兰克人是 5 世纪入侵西罗马帝国的日耳曼民族，他们建立了中世纪初西欧最大的基督教王国，即法兰克王国，其疆域与罗马帝国在西欧的疆域基本相同。
⑤ Dupré, M. and Sébastien Bottin. Mémoire sur les antiquités de Marsal et de Moyenvic. Paris: Gaultier-Laguyonie, 1829.
⑥ 凯尔特人（Celts）为公元前 2 千纪后半叶出现在中欧的、有共同文化和语言的民族，主要分布在高卢、北意大利、西班牙、不列颠与爱尔兰，与日耳曼人、斯拉夫人被罗马人并称为"蛮族"。
⑦ de Beaulieu, Jean Louis Dugas. Archéologie de la Lorraine ou recueil de notes et documents pour servir à l'histoire des antiquités ce cette province, 2 vols. Paris: Le Normant, 1840-1843.

时期（Age du Renne）① 留下的古迹。②

图 2.1　法国 18 世纪出版物中塞耶河谷的制盐陶器（引自 De La Sauvagère R., de, 1740）

19 世纪后半叶，法国人不得已将阿尔萨斯－洛林地区割让给德国。1901 年，梅斯（Metz）博物馆馆长主持了首次对马萨尔遗址的考古发掘。这座遗址位于法国东部塞耶河畔一座路易十四③时期（17 世纪）建造的古城堡外面，城堡的平面布局形似大乌龟。至今，这座城堡的格局、古建筑保存十分完好，著名的马萨尔盐业历史博物馆就建在城堡东门城楼上（图 2.2）。

这次发掘大致明确了塞耶河谷那些高大的土堆是古代制盐业的遗存。发掘者用挖掘出的"陶棍"，横竖交错地搭建了方柱状的栅格架子，架子顶端放置注入卤水的陶盆，在架子下点燃柴薪即可用其煮盐（图 2.3），④ 从而证实了塞耶河谷土丘堆积中形态各异的陶器是用来制盐的器具，首次将这些史前遗物与制盐行为联系了起来。此次发掘也标志着盐业考古的诞生。⑤

---

① 杜瑞尼时期（Age du Renne），得名于法国勃艮地 Arcy-sur-Cure 的 Grotte du Renne 遗址，时代相当于旧石器时代晚期。
② Ancelon, E.A.. Note sur le briquetage des marais de la Seille. Mémoires de la Société d'Archéologie Lorraine, 1870,12: 277-289.
③ 路易十四（1638—1715 年，1661—1715 年在位），自号"太阳王"，1680 年接受巴黎市政会献上的"大帝"尊号，为波旁王朝的法国国王和纳瓦拉国王，是在位时间最长的法国君主。他在位期间建造了马萨尔城堡，并下令设防。
④ Keune, Johann Baptist. Das Briquetage im oberen Seillethal. Jahrbuch der Gesellschaft für Lothringische Geschichte und Altertumskunde,1901,13: 366-394.
⑤ Olivier, Laurent and Kovacik, J.. The "Briquetage de la Seille" (Lorraine, France): proto-industrial salt production in the European Iron Age. Antiquity, 2006,80(109): 558-566.

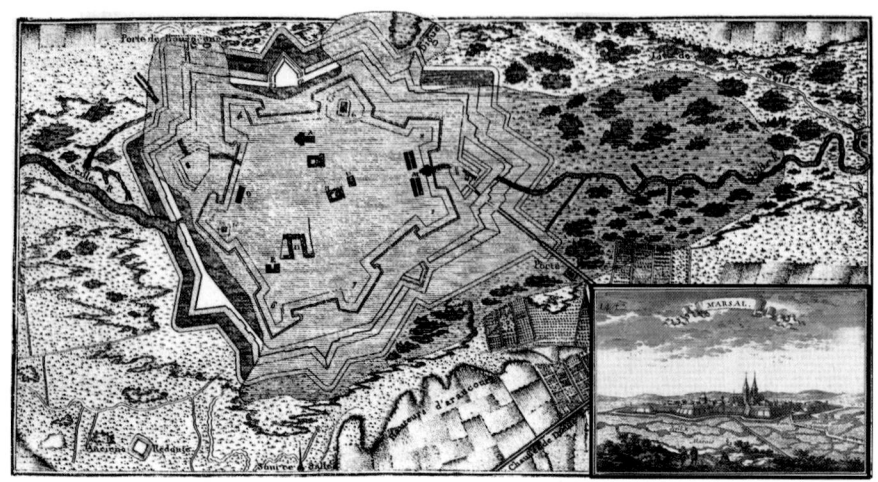

图 2.2 发现制盐陶器的马萨尔城堡为路易十四时期所建（引自 Marie-Yvane Daire, 2003）

图 2.3 1901 年马萨尔遗址发掘现场用出土陶器模拟煮盐的场景（法国学者奥利维尔供图）

直到 20 世纪 70 年代，马萨尔遗址在首次发掘中断 60 余年之后重新开始了考古工作。法国洛林考古部的考古学家让-保罗·贝尔托（Jean-Paul Bertaux）主持了这项新的计划，其目的是蠡清并记录塞耶河谷制盐陶器主体堆积的范围，特别是那些与制盐有关的模具特征及其形态的演变。[1]

历经十余年的调查和发掘进一步证实，这些遗址往往分布在盐泉或盐沼附近。遗址中出土的绝大部分遗物都是煮盐或与煮盐有关的器具，年代为铁器时代晚期（公元前 500—前

---

[1] Bertaux, Jean-Paul.. Le Briquetage de la Seille. Sondages `a Burthecourt, commune de Salonnes (Moselle). Etude du matériel technique (Hallstatt moyen). Bulletin de l'Académie et Société Lorraines des Sciences,1972a, XI (3): 178-200; Bertaux, Jean-Paul.. Le Briquetage de la Seille. Sondages `a Marsal (Moselle): quelques observations archéologiques et géologiques. Bulletin de l'Académie et Société Lorraines des Sciences,1972b, XI(3): 219-228. Bertaux,Jean-Paul.. L'archéologie du sel en Lorraine: Le Briquetage de la Seille (état actuel des recherches). In Jacques-Pierre Millotte, André Thévenin, and Bernard Chertier (eds.). Livret guide de l'excursion A7 champagne, Lorraine, Alsace, Franche-Comté. 9ème Congrès de l'Union Internationale des Sciences Préhistoriques et Protohistoriques. Nice: éditions du CNRS,1976:64-79.

50 年）。①正是通过此次调查发掘，法国才开始以"陶器碎片密集堆积"作为衡量金属器具制盐业产生之前陶器制盐遗址的重要标志。Briquetage 这个名词也逐渐被欧美考古界接受，并作为"专业制盐器具"这一专有名词被纳入考古学词典。

进入 21 世纪以来，一项围绕"塞耶河谷制盐遗址"新的国际研究计划开始实施（2001—2005 年），主持人为法国圣日尔曼-昂莱（Saint-Germain-en-Laye）国立考古博物馆铁器部主任奥利维尔（Laurent Olivier）教授。该项目的主要目标是确定塞耶河谷铁器时代制盐作坊的时空架构，次级目标是了解开发稀缺资源的原始制盐业对塞耶河谷及周边的环境和社会造成的影响。②

项目第一阶段的工作旨在明确塞耶河谷上游制盐遗址的时空范围。接下来是了解公元前一千纪密集型制盐生产对环境和社会造成的影响。曾有学者推测，在被罗马帝国征服前的 5 个多世纪，这里的制盐业几乎已经达到工业化的程度，并在两方面造成了巨大影响：其一，原有农业基础被破坏。为盐场提供大量燃料和集约式的土地开采严重损害了农业基础。其二，原有以农业经济为基础的传统社会形态解体，根源是这里的经济发展转向了生产高额利润的商品——食盐。③

该项目的田野工作包括对占地面积达 80 公顷区域开展大面积地球物理勘探，考古开挖探沟以验证勘探异常区域的地下情况，接下来还有一系列的后续实验分析，包括古地磁、热释光测年及古环境领域的诸多研究（泥炭学、古植物学、贝类学、孢粉学等）。特别是对维克-舒-塞耶（Vic-sur-Seille，意为"塞耶河畔之城"）的夏特里（Châtry）和马萨尔的奥尔良堡（Fort d'Orléans）两处遗址群所做的勘探和地球物理学（地磁学）的研究。④

---

① Nenquin, Jacques. Salt: a study in economic prehistory. Dissertationes archaeologicae Gandenses, VI, Brugge: De Tempel,1961; Emons, Hans-Heinz and Hans-Henning Walter. Mit dem Salz durch die Jahrtausende: Geschichte des weißen Goldes von der Urzeit bis zur Gegenwart. Leipzig: VEB Deutscher Verlag für Grundstoffindustrie,1984; Brown, Ian W.. Briquetage: byproducts of salt production in the Old and New Worlds. Paper presented in the symposium, "Salt of the Earth," 61st Annual Meeting of the Society for American Archaeology, New Orleans, Louisiana,1996.

② Olivier, Laurent. Le "Briquetage de la Seille" (Moselle): Prospection thématique et sondages de vérification des anomalies géomagnétiques. Campagne 2001. Saint-Germain-en-Laye, Musée des Antiquités nationales.

③ Tainter, Joseph A.. Problem solving: complexity, history, sustainability. Population and environment: a journal of interdisciplinary studies, 2000, 22(1): 3-41.

④ Bourgeois, Brigitte, José Perrin, Bernard Feuga. Cartographie 3D de l'interface eau douce/eau salée par méthode électromagnétique héliportée sur le bassin salifère de Lorraine. Revue française de géotechnique, 2004, 106-107: 145-156.

地球物理勘探包括使用直升飞机对塞耶河谷上游及纳尔（Nard）河谷（塞耶河支流）近70平方千米的飞行勘探，利用不同磁频和电磁频搜集数据。从地质学角度看，勘探出了地下随盐卤上升导致的沉积物饱和区域，并依此建构出地质堆积三维模型（图2.4）。从考古学角度清晰地显示出制盐遗址的废弃物堆积区域，以及规模较小的一些制盐遗物堆积情况。2002年初，开始在空中勘探区域基础上进行地表地磁勘查，并揭示出数以百计的烧结物集合体，有的竟长逾百米。

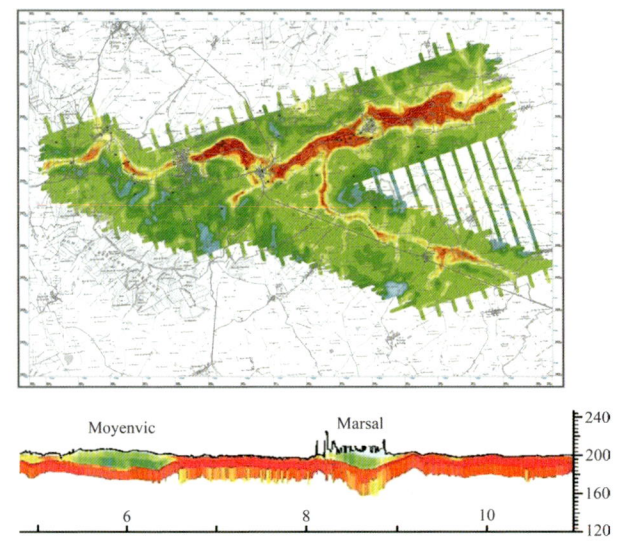

图2.4　塞耶河谷地球物理勘探地质堆积的三维模型（法国学者奥利维尔供图）
（红色部分为制盐遗址的堆积，引自《中国盐业考古（第二集）——国际视野下的比较观察》，2010）

2003年对奥尔良堡与普朗修（Pransieu）的盐场区域进行地理勘探，并对探测异常地点进行发掘，证实勘探所发现的磁异常确实代表了地下制盐炉灶遗迹的存在。大多数炉灶长6～8米，集聚成群。试掘挖出的烧结物年代为铁器时代早期（公元前7世纪至前6世纪）。在马萨尔村南和村西勘测出一系列盐场，总长度达到1.5千米，可分为四个区域，占地约5～8公顷不等。

在莫耶维克圣比昂（Saint Pient）地点勘查出一座巨大盐场，占地面积约25公顷。对19世纪40年代考古文献记载[①]的维克-舒-塞耶的夏特里遗址进行了地理勘探，了解了该遗址的占地面积，并在该遗址以西新发现一

---

① de Beaulieu, Jean Louis Dugas. Archéologie de la Lorraine ou recueil de notes et documents pour servir à l'histoire des antiquités ce cette province, 2 vols. Paris: Le Normant, 1840-1843.

处占地超过 7.5 公顷的大型遗址。

以上系统的地磁勘查还确定了萨隆（Salonnes）的比尔特库尔（Burthecourt）与莫耶维克圣比昂两处遗址的范围，揭示出一处此前不为人知的巨型盐场。勘探结果显示，这个 20 世纪初由科依内（Keune）勘探的盐场占地面积超过 5 公顷。① 在比尔特库尔盐场区发掘出一些新型的煮盐炉灶，遗址年代为铁器时代早期的晚段（公元前 6 世纪）。此外还发现一些居址，出土很多人工制品，年代为公元前 7 世纪至前 6 世纪。上述工作取得的成果可归纳如下。

"塞耶河谷制盐遗址"项目的主旨是确定制盐遗址的堆积范围。这个东西绵延长达 10 余千米的遗址群不仅展示出了塞耶河谷制盐业早期的特征和原始工业的发展，通过地球物理勘探、地磁勘探及对异常区域的发掘还证实，遗址区域富集大片的煮盐炉灶，由成百上千炉灶组成的巨大盐场面积超过几十公顷。在有些地方，废弃的遗迹和遗物堆积非常之深厚，有考古学家保守估计，塞耶河谷制盐遗物堆积的体积达 300 万立方米。② 在比尔特库尔遗址，堆积厚度深达 17 米，有学者推测这一区域遗物堆积的总体积可达 400 万立方米。那些由废弃炉灶和制盐器具形成的巨大土堆最高达 12 米，直径 50～500 米。③ 这些数字说明，在公元前一千纪前后，塞耶河谷的制盐业已形成相当大的规模。

新的项目研究和收获否定了 20 世纪 70 年代让-保罗·贝尔托提出的"孤岛"模型。贝尔托认为，塞耶河谷的制盐工场就像盐沼中的一个个人工岛。④ 但新项目采用地磁勘探所见地下烧结物的结构显示，当时的盐场整体结构并

---

① Keune, Johann Baptist. Das briquetage im oberen Seillethal. Jahrbuch der Gesellschaft für Lothringische Geschichte und Altertumskunde, 1901,13: 366-394.

② Nenquin, Jacques . Salt: a study in economic prehistory. Dissertationes archaeologicae Gandenses, VI6, Brugge: De Tempel, 1961.

③ Olivier, Laurent. Le "Briquetage de la Seille" (Moselle): Nouvelles recherches sur une exploitation proto-industrielle du sel à l'âge du Fer. Antiquités nationales, 2000, 32: 143-171; Olivier, Laurent. Le "Briquetage de la Seille" (Moselle): Premiers résultats d'un programme de reconnaissance archéologique d'un complexe d'ateliers du sel de l'âge du Fer en Lorraine. Antiquités nationales, 2003, 35: 236-247; Olivier, Laurent. Le "Briquetage de la Seille" Moselle-Prospection thématique et sondages de vérification des anomalies géomagnétiques. Campagne 2004. Saint-Germain-en-Laye, Musée des Antiquités nationales ; Olivier, Laurent and Kovacik, J.. The "Briquetage de la Seille" (Lorraine, France): Proto-industrial salt production in the European Iron Age. Antiquity,2006, 80(109): 558-566.

④ Bertaux, Jean-Paul . L'archéologie du sel en Lorraine: "Le Briquetage de la Seille" (état actuel des recherches). In Jacques-Pierre Millotte, André Thévenin, and Bernard Chertier. Livret guide de l'excursion A7 Champagne, Lorraine,Alsace, Franche-comté, 1976； 67-70. 9ème Congrès de l'Union Internationale des Sciences Préhistoriques et Protohistoriques. Nice: éditions du CNRS. Bertaux, Jean-Paul . Das Briquetage an der Seille in Lothringen: Die jüngsten Sondierungen in Burthécourt, Dép. Moselle. Archäologisches Korrespondanzblatt Mainz, 1977,7(4), 261-272.

非"孤岛",大批的炉灶成群集结在一起,或呈环状排列,或平行排列成行,总长度竟有百米之远。

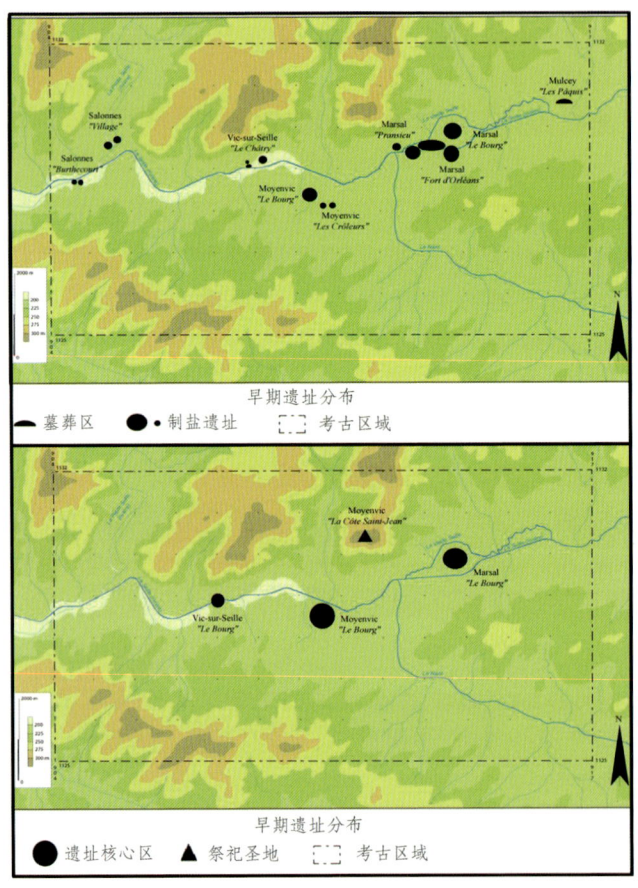

图 2.5 塞耶河谷制盐遗址分布
上图:早期(公元前 8 世纪—前 6 世纪);下图:晚期(公元前 2 世纪—前 1 世纪)(引自奥利维尔。见《中国盐业考古(第二集)——国际视野下的比较观察》,2010)

该项研究显示,塞耶河谷的制盐遗址属于铁器时代,年代上限不会早于铁器时代早期早段(Hallstatt C1-C2),下限不迟于拉腾时代晚期(La Tène C2-D1)。第一阶段为铁器时代早期(Hallstatt C1-D1),即公元前8世纪至前6世纪。以马萨尔奥尔良堡、普朗修 Locus B 和 C,莫耶维克的圣比昂以及维克-舒-塞耶的夏特里遗址为代表。有的遗址一直延续到铁器时代早期之末(Hallstatt D2-D3)。这个阶段的制盐作坊主要分布在约10个生产地点内,这些生产地点都位于河谷内主要的盐泉旁边,占地面积 1~4 公顷。作坊中煮盐炉灶、废弃堆积和卤水资源密集分布。遗址中还出土有日用陶器和动物骨骼,其中很多骨骼残留屠宰痕迹,表明了作坊内的日常生活状况,这一阶段的制盐作坊在塞耶河谷上游都有分布(图 2.5:上)。

第二阶段的年代为拉腾时代晚期（La Tène C2-D1），即公元前2至前1世纪，可以马萨尔村的马拉基（Malacquits）遗址为代表。这个阶段的遗址数量有所减少，盐业生产集中围绕在三个核心区展开，即马萨尔、维克－舒－塞耶和莫耶维克。大批与盐业生产相关的废弃堆积昭示了产业规模的扩大，遗址面积也从铁器时代早期的几公顷发展到这个时期的10余公顷。正是在这些被称作"工业废弃堆积"的"孤岛"上，罗马人后来建造了三座城镇：即Marosallum（Marsal，马萨尔）、Vicus Bodatius（Vic-sur-Seille，维克－舒－塞耶）和Medianus Vicus（Moyenvic，莫耶维克），并一直保留至今（图2.5：下）。

塞耶河谷考古发掘出的制盐器具可归纳为以下三类：

第一类是作为支架主体的"陶棒"（图2.6）。此类器均呈长条状，大小、长短、粗细不一，横切面分为方形、长方形、圆形、椭圆形、扁圆形。大部分形状顺直，粗细一致，或两端稍细，也有一些呈微弧状弯曲。所见完整器最长达60厘米，短小者仅10余厘米。

图2.6　塞耶河谷制盐用的"陶棒""连接钮"和制盐陶容器（李水城摄影并组图）

第二类为"连接钮"类部件（图 2.6）。①此类器物个体普遍短小，长度在 1~10 厘米之间，直径 2~5 厘米。大多呈亚腰泥坨状，两端稍粗，端面呈马鞍状弧形下凹。据此可知，此类器物是在未干的泥坯状态下用来连接"陶棒"。有的连接钮呈"三通"结构，似可连接三个方向的"陶棒"。也有很多连接钮的形状不很固定，不但个体更小，器表还留有指印捏痕，应是在制盐现场根据需要随手捏制的部件，故其形状带有较大的随意性。

第三类为制盐陶容器（图 2.6）。器型有明显的早晚期变化。早期陶器个体很大，均为大口浅腹盆的造型，胎体较厚，口径 35~50 厘米。晚期陶器变为个体较小的大口深腹杯，胎体也较薄，高 12~20 厘米。

以上三类制盐器具全都属于制盐陶器（Briquetage）的范畴，其特点是质地粗糙，加工随意，种类很单一，破碎的器件很难复原，也极少发现有完整器。由于这些器物都是一次性使用，故耗损极大，这也是造成塞耶河谷制盐遗址堆积深厚、埋藏量巨大的缘由。

通过对煮盐炉灶及制盐陶容器的"形态—年代学"研究，法国学者将塞耶河谷的制盐工艺分为以下四个发展阶段。

第一阶段，即哈尔施塔特时代早期（Hallstatt C1-C2）。制盐陶器主要是大型敞口的平底盆。器口外侈，口缘部位捏制波浪状花边，器腹部呈亚腰状，大平底，器表素面无纹。口径约 50 厘米、高约 14 厘米，容积约 30 升。此类器物与一种带低矮内墙的加热炉灶构成组合。这类容器显然是不可移动的煮盐器具。

第二阶段，即哈尔施塔特时代晚期之初（Hallstatt D1）。标志性的制盐陶器变为较浅的敞口平底盆，数量增多，体型变小，有两种形态，一种为大敞口、斜直腹，大平底，器高约 8 厘米，口径约 40 厘米。另一种为内敛口、弧腹，大平底，器高约 7 厘米，口径约 35 厘米。均素面无纹，用富含植物羼和料的多孔陶土烧制，与其配套的炉灶形态不详。此类容器可以移动，也可以用来将盐干燥或把盐塑造成块。

第三阶段，即哈尔施塔特时代晚期之末（Hallstatt D2-D3）。平底盘消失，出现了同样是掺加植物羼和料的多孔陶土烧制的陶杯，数量增多，特征为大口，斜直腹壁，小平底。器高约 15 厘米、口径约 8 厘米。与其相关的炉灶类型至今未知。此类容器也是可以移动的，可用于将湿盐干燥或塑造盐锭。这一阶段延续至拉腾文化的 A—B 期，制盐陶容器基本延续前一阶段的形制。

---

① 盐业考古的术语称之为"éléments de liaison"，法语意为"连接成分"，可理解为"连接扣"，这是一些形状呈亚腰状的短泥柱，可将"陶棒"相互黏结加固成一种"栅格"状的框架。"连接扣"的大小与"陶棒"的尺寸有关。

第四阶段，即拉腾时代的晚期（La Tène C2-D1）。制盐器物变为瘦长型陶杯（flûtes），器形呈细长的筒状，口部稍大于器底。器高约20厘米、底径仅3.5厘米。此类器应是从前一阶段的陶杯演变而来，也是用富含植物糠和料的多孔黏土制作。与此类容器配套的炉灶类型依然未知。这类杯子易于移动，可用来将湿盐干燥或塑造盐锭（图2.7）。

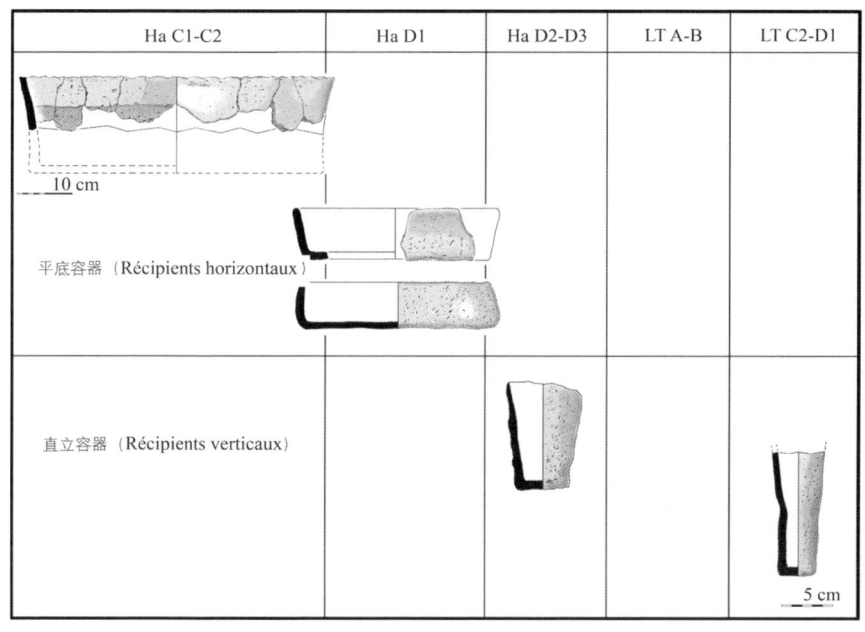

图2.7 塞耶河谷制盐陶容器的形态及演变（引自奥利维尔。见《中国盐业考古（第二集）——国际视野下的比较观察》，2010，改制）

以上制盐陶容器的胎内都掺有大量植物茎秆或谷壳，器表也可见大量谷物（小麦）外壳的印痕，显得非常的粗糙。这说明在制作成型以后，陶坯放在铺有谷物茎秆或外壳的地面晾晒阴干，再行低温烧制。这些陶容器颜色灰白，质地较轻，胎体内有大量气孔，带有某些夹炭陶的特点。再有就是，塞耶河谷同一时期的制盐陶容器的造型一致，容积也基本一致。

通过多年的考古发掘和研究，法国考古学家认为，塞耶河谷的制盐流程可分为两个步骤：首先是从盐泉或盐沼（两者均可能为被管制资源）汲取卤水，经提浓后转入大型陶盆再放置到炉灶上加热熬煮，产出盐膏。①第二步是将这些盐膏转入另一种类型的炉灶上制成盐锭。

前面介绍的那些"陶棒"被用来搭建一种"栅格"状的支架，连接钮是让"栅格"支架的结构更为稳固，起到连接和支撑"陶棒"的作用。根据有些考古学家的复原，可在"栅格"支架上放置大型的熬盐容器，也可将装有湿盐的小型陶器在支架上烘干。在马萨尔遗址发现很多圆角长方形的炉灶，灶内堆有密密麻麻的"陶棍"和"连接钮"（参见后图2.10：下右）。但这些"陶棒"组成的"栅格"究竟是怎样的结构组合？形状如何？法国考古学家对此有不同意见。马萨尔盐业历史博物馆和一些出版的书籍中，有一些想象的复原结构图。在"栅格"状支架上既有大型的熬煮制盐器具，也有烘烤湿盐制作盐锭的小型陶容器（图2.8）。

图2.8 塞耶河谷"栅格"支架煮盐与烘烤盐锭的结构复原（引自Marie-Yvane Daire, 2003）
左图：a—熬煮卤水的大型陶盘；b—制作盐锭的小型陶杯

值得注意的是塞耶河谷第二个阶段制盐产业的变化。铁器时代晚期，为了提高工效，人们开始改革制盐工艺。这主要表现为制盐模具高度统一，表示它们是用木制模具统一成型，模具尺寸取决于盐锭的大小。假如真这样，大量制盐模具能产生流水作业效应，加快生产和储存，还能使产品规格化，更加便于流通。特别重要的是，这个时期的生产规模大幅度提高。在铁器时代早期，每年的盐产量可能在数百到数千吨。到了铁器时代晚期，年产量可达数千至数万吨。只有到了这个时期，塞耶河谷的盐业生产才达到了可以称

---

① "盐膏"是指结晶后含较高水分的结晶湿盐。

为原始工业的程度。其不仅生产数量可能超出本地所需，而且生产活动也清晰地显示出专业化的趋势。

塞耶河谷与使用陶器制盐有密切关系的生产方式随着罗马帝国时代的到来，最终被抛弃，这个时间是在1世纪前后。

塞耶河谷铁器时代晚期的密集型产业格局很像后来的工业化社会生产，而非一般的手工业生产，生产方式相当专业化，作坊内区划分明，有专门的煮盐炉灶区、烘烤盐锭区以及丢弃废物垃圾的区域。如此的规模和布局意味着生产组织已有明确分工，一部分人负责制造煮盐陶器，一部分人负责煮盐或烘干盐锭，剩下的人负责组织产品对外输出，将食盐运往欧洲各地进行交易。

依照上述的产业规模，塞耶河谷铁器时代晚期的制盐业非常符合"工业化"标准。或许至少在马萨尔、莫耶维克和维克-舒-塞耶三个生产中心的较晚阶段，已采用了更有利于发挥生产效能的劳动分工。在不同的生产阶段，与财富相关的指标也有所不同。在铁器时代早期（哈尔施塔特晚期），制盐生产者可能还比较富裕，到了晚期，表现出更加集中的产业活动，聚落中反倒很少看到与财富有关的特别物证。似乎到了专业化程度较高的晚期，依靠盐业生产累积的财富已被转移到了别处，或者说极有可能被转向控制产品再分配的个人手中，即所创造的财富可能转向了盐的所有者而非生产者。

法国学者认为，通过上述一系列重要发现和研究，可能更容易理解由于盐的商品化导致贸易交换的出现，以及塞耶河谷上游建立的凯尔特制盐群体的社会结构信息，对这些重要内容的澄清和阐释，将是他们的下一个目标。[1]

考古学家在萨隆的比尔特库尔发现一处靠着盐场的居址。出土植物遗存显示，制盐工人也从事一些农业生产活动，包括种植小麦、大麦、豆类和其他草本植物。[2]动物骨骼的发现也证实了畜养业的存在，主要有牛、猪、绵羊和山羊的骨骼。[3]家庭手工业包括农产品加工和纺织，在制盐废弃堆积中就发现有纺轮和纺锤。

---

[1] （法）奥利维尔（Laurent Olivier）、（英）科瓦希克（Joseph Kovacik）：《法国洛林Seille河谷的制盐陶器：欧洲铁器时代盐的原始工业生产》，张颖、彭鹏初译，林永昌初校，李水城终校及校注，《南方文物》2008年第1期。

[2] Vaughan-Williams, Alys. The plant macrofossils excavated at Salonnes "Burthecourt" and Marsal "Bensale": A preliminary report. In Olivier Laurent (ed.). Le "Briquetage de la Seille" (Moselle) - Prospection thématique et sondages de vérification des anomalies géomagnétiques, Campagne 2005. Saint-Germain-en-Laye, Musée d'Archéologie nationale.

[3] Léna, Alex. Etude archéozoologique des gisements de l'âge du Fer du Briquetage de la Seille. In Olivier Laurent (ed.). Le "Briquetage de la Seille" (Moselle) - Prospection thématique et sondages de vérification des anomalies géomagnétiques, Campagne 2005. Saint-Germain-en-Laye, Musée d'Archéologie nationale.

在马萨尔的奥尔良堡遗址的废弃堆积中也发现有人工栽培的大麦、小麦和野生果类，如榛子、黑刺李，还发现有草莓、栽培小米和二粒小麦。① 通过分析证实，在制盐陶器中掺入的糜和料主要为大麦、小麦和斯佩耳特小麦的谷壳或茎秆。② 经对马萨尔（奥尔良堡和普朗修）和维克－舒－塞耶（夏特里）遗址灰坑和炉灶内出土的兽骨研究，证实牛、猪和绵羊主要为肉用。③ 在所有的制盐场所都发现有日用陶器残片和兽骨，显示当时的居址与盐场靠得很近。

在比尔特库尔居址窖藏中发现有铸造小件铜器的坩埚以及炉渣和金属矿渣等，表明盐工还从事冶炼金属活动。1982年在马萨尔遗址发现两个埋藏双棱形铁锭的窖藏，1号窖藏坑打破了制盐堆积，出土8件并排放着的铁锭。2号窖藏坑出土了19件铁锭。④ 这些发现表明，铁锭或许是被用来交换食盐的。

远程贸易也出现了。在比尔特库尔遗址和居址的堆积中均出土有公元前6世纪末带凹槽的轮制陶器残片，类似遗物也见于马萨尔遗址。在普朗修Locus A 盐场废弃堆积中发现有经加工的珊瑚枝碎片，时代为哈尔施塔特晚期末段（Hallstatt D2-D3）。1976年，让－保罗·贝尔托还发现有陶制的双锥形器。此类遗物仅见于极少数有特权身份的聚落，而且一直被认为是受到意大利北部文化影响的产物。⑤

2005年在马萨尔发现一处800米长的墓地，分布在塞耶河左岸的坡地上，紧邻普朗修铁器时代早期盐场。在一名叫"大草地"（Grands Prés）的区域也发现了铁器时代墓葬。随葬品显示墓地从哈尔施塔特时代早期（Hallstatt C1-D1）开始使用，延续到拉腾时代晚期之末（La Tène D1），即从公元前7世纪末至前1世纪。2006年发掘了一组5座墓葬。在一座女

---

① Kreuz, Angela. Note sur les premiers résultats des déterminations archéobotaniques des échantillons prélevés en 2002 dans le Briquetage de la Seille. In Olivier, Laurent Le "Briquetage de la Seille" (Moselle)-Prospection thématique et sondages de vérification des anomalies géomagnétiques, Campagne 2002. Saint-Germain-en-Laye, Musée des antiquités nationale. Pp.70-71.

② Murphy, Peter. Note sur la détermination des empreintes végétales conservées sur les éléments techniques du Briquetage de la Seille. In Olivier, Laurent Le Briquetage de la Seille (Moselle)-Prospection thématique et sondages de vérification des anomalies géomagnétiques, Campagne 2002. Saint-Germain-en-Laye, Musée des antiquités nationale. Pp.72.

③ Léna, Alex. Etude archéozoologique des gisements de l'âge du Fer du Briquetage de la Seille. In Olivier Laurent. Le "Briquetage de la Seille" (Moselle) - Prospection thématique et sondages de vérification des anomalies géomagnétiques, Campagne 2005. Saint-Germain-en-Laye, Musée d'Archéologie nationale.

④ Bertaux, Jean-Paul. Deux dépôts de lingots bipyramidaux découverts à Marsal (Moselle). In La Lorraine. antique: Villes et villages. 30 ans d'archéologie (Exhibition catalogue). Metz, Musées de Metz, 1990: 123.

⑤ Adam, Anne-Marie, Claude Rolley, Jean-Francois Piningre, Suzanne Plouin, Pierre-Yves Milcent. Résultats, problèmes, perspectives. In Claude Rolley. La tombe princière de Vix. Paris: éditions Picard, 2003: 302-366.

子墓内出土一对金耳环，此类物品通常仅见于"凯尔特王侯时期"（公元前6世纪末）的特权阶层墓，显然这是一处贵族墓地。在"大草地"墓地以东约200米处发现的第二组墓地呈正方形（边长约10米），经对7号墓出土人骨研究，发现死者曾被做过一系列处理，这与最近在巴黎盆地发现的同一时期的特权阶层墓相似。①

早在1838年，在马萨尔曾发现一批公元前4世纪的随葬品，包括一条镶嵌珊瑚和金叶的项链。②此类物品在该地区屡有发现，特别是在莱茵河中游沿岸和法国东部。在马萨尔附近的莫耶维克，19世纪也出土过青铜首饰的残片。③它们原本都是随葬品，这表明铁器时代墓葬有可能就分布在盐场不远处。

古环境方面的研究也获取到一批新数据。新数据显示，早期铁器时代的盐场建在河谷的一级台地上，所处位置在今天地表以下2.5米处。④研究所得模型显示，当时的密集制盐产业对环境造成了强烈影响。为了给盐场提供燃料，曾大面积砍伐森林，加之生产废弃物的大量排放，产生了大量的废弃物堆积，这些不仅淤积到了冲积平原，还造成河流流速越来越缓慢。

"塞耶河谷制盐遗址"项目揭示出绵延数百米的制盐炉灶集合体，了解了大规模的制盐作坊布局。可以毫不夸张地说，这里是欧洲所知规模最大的盐场。它比德国萨克森－安哈尔特（Saxony-Anhalt）萨勒（Saale）河谷的哈雷（Halle）遗址⑤和黑森州（Hessen）的巴特瑙黑姆（Bad Nauheim）遗

---

① Charlier, Philippe. Le groupe funéraire de Marsal Bensale (Moselle): Étude anthropologique et paléopathologique. In Olivier, Laurent. Le "Briquetage de la Seille" (Moselle) - Prospection thématique et sondages de vérification des anomalies géomagnétiques, Campagne 2005. Saint Germain-en-Laye: Musée d'Archéologie nationale, Pp: 107-123; Séguier, Jean-Marie, Valérie Delattre. Espaces funéraires et cultuels au confluent Seine-Yonne (Seine-et-Marne) de la fin du Vème au IIIème s. av. J.-C. In L'âge du Fer. In Olivier Buchsenschutz, A. Bulard, and T. Lejars. Ile-de-France: Actes du XXVIe colloque de l'Association française pour l'étude de l'âge du Fer. 26ème supplément à la Revue archéologique du Centre de la France. Paris: et Saint-Denis,2005: 241-260.

② Beaulieu, Jean Louis Dugas. Archéologie de la Lorraine ou recueil de notes et documents pour servir à l'histoire des antiquités ce cette province, 2 vols. Paris: Le Normant, 1840-1843; Millotte, Jacques-Pierre. Carte archéologique de la lorraine. Les âges du Bronze et du Fer. Paris: éditions des Belles Lettres, 1965.

③ Millotte, Jacques-Pierre. Carte archéologique de la lorraine. Les âges du Bronze et du Fer. Paris: éditions des Belles Lettres, 1965.

④ Green, Christopher P., G. E. Swindle, Branch N.P.. Geoarchaeological Investigation of the Briquetage de la Seille: The field season 2005. In Olivier Laurent. Le "Briquetage de la Seille" (Moselle) - Prospection thématique et sondages de vérification des anomalies géomagnétiques, Campagne 2005. Saint Germain-en-Laye, Musée d'Archéologie nationale, Pp: 199-226.

⑤ Riehm, Karl. Solbrunnen und Salzwirkersiedlungen im ur- und frühgeschichtlichen Halle. Wissenschaftliche Zeitschrift der Martin-Luther-Universität Halle-Wittenberg: Gesellschafts- und Sprachwissenschaftliche Reihe, 1961b, 10: 849-858.

址①的规模都要大。由于该项目采用非破坏性的勘测法，使得重建塞耶河谷盐场的清晰图像成为可能，也使得该项目研究在欧洲获得很大知名度，这在欧洲大陆其他大型陶器制盐遗址是很难做到的，因为那些地区已经或正在城市化。同样，在欧洲范围内，从该项目取得的大量数据资料的丰富性和重要性来看，只有为数很少的遗址可与之媲美，如瑞士和德国西南部的史前湖居遗址。

在马萨尔城堡盐业历史博物馆，塞耶河谷上游铁器时代的制盐场景以艺术画面的形式展现出来。距河岸稍远处为盐工们的日常生活村落，包括大片的草场和农田。塞耶河谷两岸的阶地密集分布有大批煮盐炉灶。炉灶的形态均为圆角长方形，搭建在地面，高1米左右，一端有1~2个火口，相对一端为高起的烟囱。灶面分列两排12个灶眼，各自放置煮盐陶器。工人们有序地劳作，有的在将结晶的湿盐捞出来放入大筐，有的往灶内投放柴草，还有的在搬运产品。盐场内密集分布着大量的卤水池，还有输送卤水的笕槽、成堆的柴草、集中的盐袋、起吊重物的桔槔和运盐的四轮马车。河畔有用木材搭建的简易码头，河中行驶着木船，以及正往船上装货的人。画面表现出马萨尔盐场规模庞大，组织严密，分工明确，一派热火朝天的生产场景（图2.9）。

画面中的炉灶模仿的是考古发掘的"U"形炉灶，此类遗存结构复杂，仅保留地面以下部分，地上部分结构还难以想象（图2.10：上）。在马萨尔遗址还发现有连在一起的若干圆形炉灶，规模较小，可明显看出多次修补迹象，由于长期使用，炉灶及周边的地面都已烧成了橘红色（图2.10：下左）。此外，在马萨尔遗址还发现一批烧结不很明显的圆角长方形炉灶，灶坑下挖不很深，灶内堆满形态各异的陶棒、连接钮和少量的小型制盐陶器残片（图2.10：下右）。此类炉灶在前面曾提及，有人想像在此类炉灶的上部用长条形的陶棒横竖排列搭建出"栅格"结构，在方形的空隙内可放置小型陶杯，制作盐锭（见前图2.8）。

---

① Kull, Brigitte. Sole und Salz schreiben Geschichte: 50 Jahre Landesarchäologie, 150 Jahre archäologische Forschung in Bad Nauheim. Archäologische und Paläontologische Denkmalpflege Landesamt für Denkmalpflege Hessen. Mainz: Philipp von Zabern, 2003.

图2.9 塞耶河谷铁器时代的制盐作坊场景（引自法国马萨尔城堡盐业历史博物馆）
1.桔槔； 2.卤水池； 3.盐灶； 4.柴草燃料； 5.废弃垃圾； 6.聚落村庄；
7.河边码头待运的盐包和运货的四轮马车

图2.10 马萨尔遗址的制盐炉灶（引自奥利维尔。见《中国盐业考古（第二集）——国际视野下的比较观察》，2010，改制）

马萨尔遗址的发掘和研究表明，塞耶河谷的制盐业出现在铁器时代早期（公元前800年），延续至铁器时代晚期（公元前200年—前100年）。在长达数百年的时间里，塞耶河谷的制盐业发展迅猛，并最终发展成为欧洲铁器时代规模最大的制盐场所。马萨尔遗址的发掘使其成为盐业考古的滥觞之地，同时也开启了欧洲史前考古研究的序幕。接下来的考古发现表明，类似的制盐遗址不仅限于法国，也广泛存在于世界其他地区，[①] 包括欧洲、北美[②] 和中美[③]。除了内陆地区之外，在沿海地区及岛屿上也陆续发现类似的遗址，其中就包括盐业考古出现较早的日本。[④]

[①] Nenquin, Jacques. Salt: a study in economic prehistory. Dissertationes archaeologicae Gandenses, VI6, Brugge: De Tempel, 1961; Multhauf, Robert P. Neptune's gift: a history of common salt. John Hopkins studies in the history of technology. Baltimore and London: Johns Hopkins University Press,1978; Bergier, Jean-François, Albert Hahling. Une histoire du sel. Fribourg: Office du livre,1982; Emons, Hans-Heinz, Hans-Henning Walter. Mit dem Salz durch die Jahrtausende: Geschichte des weißen Goldes von der Urzeit bis zur Gegenwart. Leipzig: VEB Deutscher Verlag für Grundstoffindustrie, 1984; Kleinmann, Dorothée . The salt springs of the Saale Valley. In de Brisay, K.W. and K. A. Evans (eds.). Salt: the study of an ancient industry (report on the salt weekend held at the University of Essex, 20, 21, 22 September 1974). Colchester: Colchester Archaeological Group, 1975: 45-46.

[②] Brown, Ian W.. Salt and the Eastern North American Indian, an archaeological study (Lower Mississippi Survey). Bulletin No.6, Peabody Museum of Archaeology and Ethnology.Cambridge: Harvard University Press, 1980. Brown, Ian W.. The role of salt in Eastern North American prehistory. Department of Culture, Recreation and Tourism, Louisiana Archaeological Survey and Antiquities Commission, Anthropological study, No. 3. Baton Rouge, 1981; Brown, Ian W.. Salt manufacture and trade from the perspective of Avery Island, Louisiana. Midcontinental journal of archaeology, 1999, 24(2): 113-151.

[③] Andrews, Anthony P.. Maya salt production and trade. Tucson, Arizona: University of Arizona Press, 1983; McKillop, Heather. Salt: White gold of the ancient Maya. Gainesville,FL: University Press of Florida, 2002.

[④] 近藤義郎：《土器製塩の研究》，東京：青木書店1984年版；Nihon doki seien kenkyū(studies on briquetage-based salt production in Japan). Tōkyō: Aoki Shoten, 1994.

第二节　法国北海及大西洋沿岸地区

法国西北部的北海（Manche）沿岸和西部的大西洋沿岸是欧洲早期海盐生产的中心。这些地区的制盐遗址主要分布在莱茵河（Rhine）、马恩河（Marne）、奥恩河（Orne）、朗塞河（Rance）、维莱讷河（Vilaine）、卢瓦尔河（Loire）、夏朗德河（Charente）、多尔多涅河（Dordogne）、阿杜尔河（Adour）、加龙河（Garonne）的下游河口及两侧的海岸边，年代大致在铁器时代晚期到罗马时代，相对年代晚于法国东部塞耶河谷的制盐遗址。

据法国考古学家的发现和研究表明，从北海西部的朗塞河、奥恩河到马恩河与莱茵河之间的河口及周边海岸地带分布有三个制盐中心，这里流行的制盐器具为筒形平底杯。在大西洋北部的维莱讷河、卢瓦尔河到南部的夏朗德河之间，有两个制盐产业中心，这里流行的制盐器具是斗状长方形平底盒。其中，北部维莱讷河、卢瓦尔河这一中心的陶盒形态接近方形，腹部较高深。夏朗德河口这个中心的陶盒形态呈扁长方形，腹部较浅，个头较大。在夏朗德河与多尔多涅河之间还有另一个中心，这个中心的南部、即多尔多涅河口周边的制盐陶器样式与北海地区的一致，为筒形平底罐。但在这个中心北部，有个与夏朗德河交错的地区，这里的制盐陶器既有筒形平底杯，也有浅腹的斗状长方形陶盒（图2.11：左）。

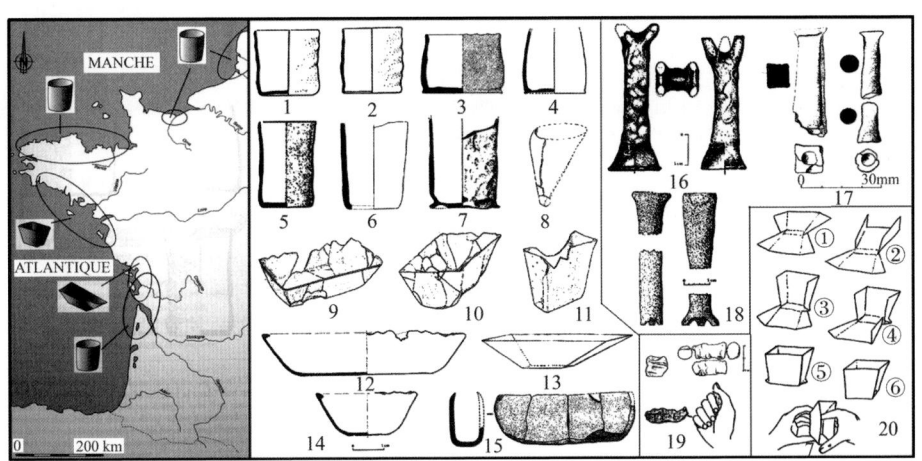

图2.11　法国北海、大西洋沿岸制盐遗址及制盐陶器形态（参照Marie-Yvane Daire，2003，改制）

平底筒形杯是北海和大西洋沿岸地区制作盐锭的主要器具，器形较小，直筒状，绝大多数为平底，少量带圈足，器高10～15厘米、口径10厘米左右，造型有一些细微差异，可分为上下一般粗细型、侈口粗胖型、口小底大型、亚腰型、口大底小型、直筒矮圈足型等（图2.11：右1~7）。这里还发现有一些造型较奇特的角杯状盐锭模具，个体不大，口径7～8厘米、高12厘米左右。造型为大口，斜直腹，腹较深，尖底，状若短而直的羊角（图2.11：右8）。此外，这个地区还发现有板瓦状制盐陶器。有人也许会问，这种板瓦器两头是穿的，根本无法盛装液体的卤水，如何能制盐？考古学家研究证实，这类器具是专门用来烘干湿盐的。人们将熬好的结晶湿盐倒入板瓦器内，在炉灶上进一步烘干，这比在容器内烘干的速度还要快（见后图2.31：左下）。

长方斗状陶盒为这个地区熬煮制盐的主要器类，也有些个体很小，系制作盐锭的器具。此类陶盒造型为长方形，腹壁斜直，口大底小，腹部深浅不一，造型有一些差异，可分为两大类。一类器口为长方形，据器腹的深度差异，可分为深腹（图2.11：右10）、浅腹（图2.11：右9）和大口、小底、浅腹（图2.11：右13）三种。另一类器口窄细，分两种，一种器口窄长方形，口大底小，腹部很深，平底（图2.11：右11）。另一种器口圆角窄长方形，腹部弧形，较浅，底部微圜，状若小船（图2.11：右15）。在大西洋沿岸的法国卢瓦省（Loire-Atlantic）雷特地区（Pays de Retz）遗址出土一种小型方杯，制作方法比较特殊：以泥质黏土为原料，先制成大片的薄泥片，平整摊开，再剪折成为小的斗形方杯，其长、宽、高都在5厘米左右，[①] 是制作盐锭的模具。上述几种斗状长方形陶盒，也都是采用这种方法制作（图2.11：右20）。这个地区熬盐的器具还有陶盆，分为大小两种，大的陶盆口径可达30厘米，高7～8厘米，大口，平底。小型陶盆口径15厘米左右，高7～8厘米。此类器的特点是器口呈花边状，而且口沿均内折得比较深，呈勾状，这样的形式设计明显有助于防止卤水沸腾时的外溢（图2.11：右12、14）。

除用于熬煮和烘烤盐锭的陶容器外，还发现有形式较多样的支撑或稳定制盐陶器的组合部件。第一类器型较大，可称之为砖形器，多为长方形，或一侧起拱的弧形，或一侧斜直的屋脊形，也有部分为"丁"字形。此类部件主要用在炉灶的开口部位，用于搭建连接桥或栅格状的支架，然后再在这些

[①] Tessier, Michael. The protohistoric salt making sites of the Pays de Retz.In de Brisay, K.W. and K. A. Evans (eds.). Salt: the study of an ancient industry (report on the salt weekend held at the University of Essex, 20, 21, 22 September 1974). Colchester: Colchester Archaeological Group, 1975: 54-56.

桥面之间或支架上放置熬煮卤水的陶容器或陶模具。第二类为圆柱或方柱状的支脚，器高一般在20厘米上下，下部为喇叭口状支座，或有三个爪状小足，顶部为蘑菇头状，也有的带3～4个爪状支架（图2.11：右16~18）。第三类是用作加固上述大型部件的小型配件，即"连接钮"一类，个体都较小，多为现场随手捏制，比较随意，形状也不固定，与法国东部塞耶河谷的同类器相同（图2.11：右19）。

法国北海和大西洋沿岸地区的制盐炉灶平面普遍为较窄的圆角长方形，或窄长条形，在长边一侧的中部有一开口，为投放燃料的火口。灶体大小有别，小者长3米左右、宽1.5～2米；中等的灶长5米、宽2米左右；较大的灶长7米、宽2.5米左右。这些炉灶大多为半地穴式，灶的主体部分——灶膛在地面下，周边用石块垒砌加固，灶面搭建在地面以上，以方便操作的高度为宜。法国的考古学家对阿摩尔滨海省（Côtes-d'Armor）艾比昂斯制盐遗址发掘出的此类盐灶做了模拟复原，形象地展示了炉灶的结构和制盐的场景（图2.12：A下）。①其他复原的盐灶还有如下三种类型：一种是用各类陶砖组合而成的固定栅格式灶（图2.12：B上），另一种为桥梁式或过廊式灶（图2.12：B中），还有一种为可活动拆卸的栅格式灶（图2.12：B下）。除了上面的三种样式，还有一些结构更为特殊的盐灶，有的用来熬卤制盐，有的用来烘烤制作盐锭。第一种称三叉柱式灶，采用顶部带分叉的支脚，两个一组，在顶部分叉之间搭建一陶棒，构成简易的支架，再将斗状长方形陶盒架在两排支架的陶棒之间，与地面保有一定距离，可在方盒的下面点火熬盐（图2.12：C1）。第二种称坩埚式灶，即在灶内用支脚支撑起陶砖，构建成一个较大的平整台面，下部空间可点火，台面上放置小型陶器烘制盐锭（图2.12：C2）。第三种也称三叉柱式灶，在两侧矗立大型"T"字陶砖，中间部分用柱状支脚架起一个个的斗状长方形陶盒，搭建成密集的方盒集合体熬盐（图2.12：C3）。第四种为喇叭口柱式灶，结构与第二种接近，不同的是内部柱状支脚更高大，灶内的空间也大，顶部支撑高低错落的阶梯状台面，上面可放置小型陶器烘制盐锭（图2.12：C4）。第五种称台式炉灶，其形若金字塔，底面大，顶部小，内部用柱状支脚支撑起一个小的长方形平整台面，上面放置烘制盐锭的陶器（图2.12：C5）。

---

① H. Paitier根据"心灵的回忆：阿摩尔滨海省考古研究20年展"展会目录制版，1999，阿摩尔滨海省议会出版（cliché H. Paitier, INRAP, d'après "mémoire d'âmes. 20 ans de recherches archéologiques en Côtes-d'Armor", catalogue d'expostion, 1999, Conseil Général de Côtes-d'Armor, éd.）

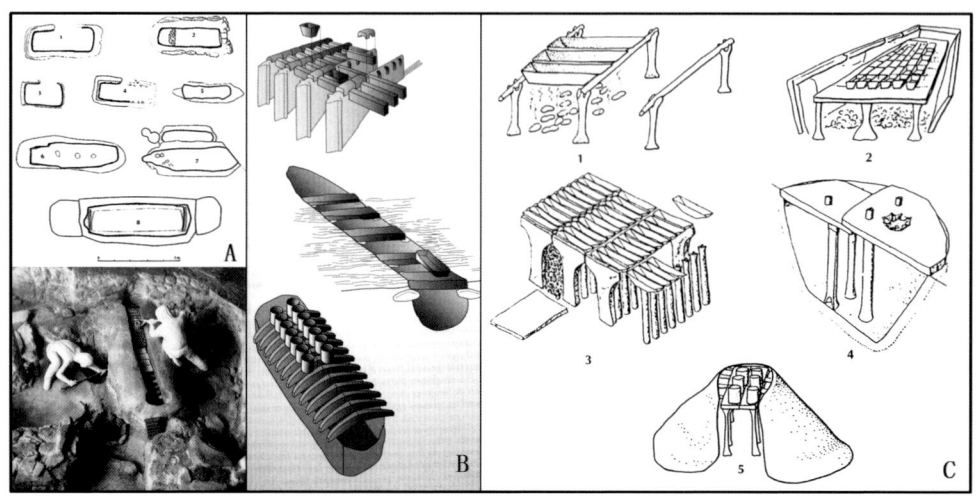

图 2.12　法国北海和大西洋沿岸的制盐炉灶及结构（据 Marie-Yvane Daire，2003，改制）

在法国的阿摩尔滨海省普勒默博杜（Pleumeur-Bodou）的朗德勒莱克（L'atelier de Landrellec）制盐遗址，考古发掘出一座完整的制盐作坊遗址，这是一座大致呈长方形的房屋基址。屋子中间为盐灶，盐灶为长方形，是下挖而成，周边用石块砌筑，再用黏土包裹。灶前部约 1/4 部位是操作间，向前为火口和灶膛，地面部分已毁不存。灶的前部是一片空场，灶左侧有一个圆形烧土区，可能为火塘。灶右后侧的边缘有个圆形柱洞。灶左侧后部靠墙处有一排三个相连的近方形卤水池。灶右侧下半部靠墙为五个成一排的近方形卤水池。池子都用石块构筑，再用大石板分隔，估计内壁和底部涂有防渗的黏土（图 2.13：上）。

同样是在阿摩尔滨海省普勒默博杜的艾奈兹　维昂（L'atelier d'Enez Vihan）遗址，考古学家也发掘出一座完整的制盐作坊，其整体结构与朗德勒莱克的作坊接近，屋子中间有座石构的圆角长方形盐灶。灶的左前方靠墙有一单独的卤水池，近方形。灶的左右两侧靠墙各有三个一组相连的卤水池，左面三个池子为圆形，右面三个为方形。在右面三个池子的后部有个长方形的坑，原来也应是个卤水池（图 2.13：中）。法国考古学家将这个作坊的建筑结构和制盐设施做了复原，并以画面的形式再现了凯尔特人在作坊内制盐的场景：一位盐工正在将担来的卤水倒入蓄卤池，另一位则用长柄大勺将卤水注入灶前方一个个的陶杯熬煮，在灶的后面烟道位置上面，搭建有预热的台面，上面放置着利用余温烘烤制作盐锭的陶杯（图 2.13：下）。[①]

图 2.13　法国北海和大西洋沿岸的制盐作坊及模拟复原图
（据 Marie-Yvane Daire，2003，改制）

[①] Daire, Marie-Yvane. Le sel gaulois. Bouilleurs de sel et ateliers de briquetages armoricains à l'âge du Fer. Saint-Malô: Centre Régional d'Archéologie d'Alet, 1994.

第三节　英国艾塞克斯的红丘遗址

远在大西洋的英伦三岛是盐业考古较早出现的另一个地区。早在19世纪70年代，英国人就注意到，沿着英格兰东南海岸的艾塞克斯（Essex）湿地有大片隆起的红烧土堆积（图2.14）。尽管几个世纪以来一直有人关注这些堆积，但均不清楚它们是怎么形成的。①

1906年，英国专门成立了一个"红丘（Red Hill）研究委员会"，其成员包括多位著名的科学家，组成这样一个团队的目的是通过对考古发掘出土的人工制品和环境背景的研究，深入了解红丘的性质和成因。② 20世纪的前十年，这些绵延分布长数千米的大型土堆成为"红丘研究委员会"的研究重心。"红丘研究委员会"经过十年的调查，证实这些分布在海岸潮间带上的烧土堆积形

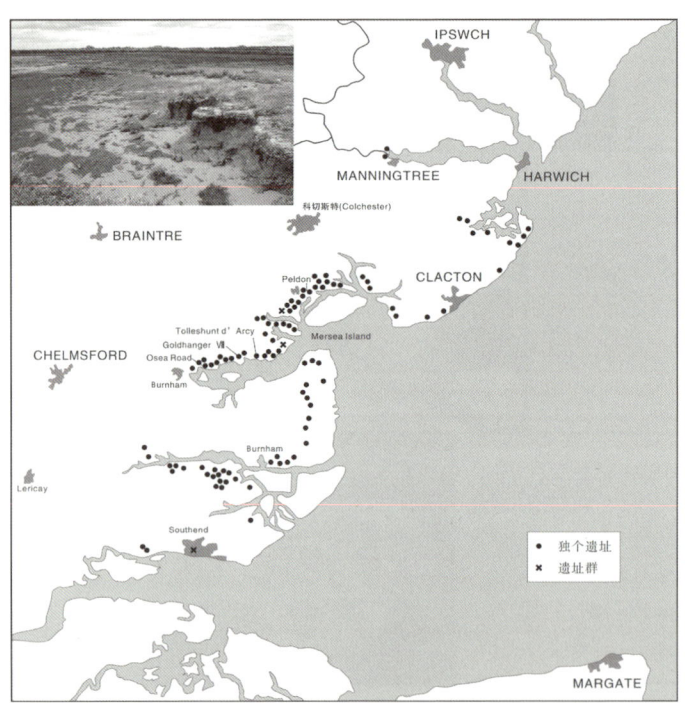

图2.14　英国艾塞克斯红丘的地理位置和景观环境（引自奥利维尔。见《中国盐业考古（第二集）——国际视野下的比较观察》，2010，改制）
审图号：GS（2019）2184号

---

① Atkinson, J. C.. Some further notes on the salting mounds of Essex. Archaeological journal, 1880, 37(1) :196-199; Stopes, H.. The salting mounds of Essex. Archaeological journal, 1879,36:369-372.
② Reader, Francis W.. Additional remarks on the pottery and briquetage found in the Red Hills of Essex, and similar objects from other localities. Proceedings of the Society of Antiquaries of London, 2nd Series, 1908a, 22:190-207. Reader, Francis W.. Report of the Red Hills Exploration Committee 1906–1907. In Reader (ed.). Proceedings of the Society of Antiquaries of London,1908b: 165-181. Reader, Francis W.. Report of the Red Hills Exploration Committee 1908–1909. In Reader (ed.). Proceedings of the Socitey of Antiquaries of London, 1910: 69-83.

成于前罗马时期（铁器时代晚期），延续到罗马时代早期（公元前 100 年—100 年）。他们通过对红丘所在海潮涨落区遗迹现象的分析，发现这里可能与制盐产业密切相关。① 尽管他们后来发表了一系列颇有学术价值的研究成果，但对于如何制盐这个问题依然没有给出有说服力的结论。②

通过调查确认，所有红丘都坐落在海岸潮间带上，这些遗迹曾直接临近高潮水位，几乎所有遗迹都能追溯到前罗马时代或罗马时代早期。③ 在潮水涨落区，适宜"产盐"的地带分布在莫尔顿（Moldon）和莫西（Morsea）岛之间的黑水河北岸。在海堤的近海一侧，可以找到像 Tolleshunt d'Arcy 遗址④一样的红丘，它们分散在海藻和结块的土壤之间。

"干燥"的遗址分布在海堤内侧，比较容易靠近。但如今大多数已被现代牧场或农作物覆盖，难觅踪迹。潮间带上的那些高地也随着时间和建设的需要被破坏了。如戈德汉格尔（Goldhanger）VIII 遗址在第二次世界大战期间成了一处高射炮阵地。如今，一个现代帆船运动俱乐部就坐落其上。在这座遗址发现的许多遗迹现象被认为与制盐有关，如多组两两并列的深沟被

---

① （美）巴尔：《中坝遗址与南英格兰艾塞克斯红丘遗址出土制盐陶器的比较》。见李水城、罗泰：《中国盐业考古（第二集）——国际视野下的比较观察》，北京：科学出版社2010年版，第320-345页。

② Christy, Miller. A history of salt-making in Essex. Essex naturalist, 1906, 14: 193-204; Cole, William. Exploration of some "Red-Hills" in Essex (with remarks upon the objects found). Essex naturalist, 1906, 14:170-183; Jenkins, J. H. B.. The chemical examination of some substances from the Red Hills of Essex. Proceedings of the Society of Antiquaries of London, new series, 1908, 22: 182-186; Jenkins, J. H. B.. Remarks on Dr. Flinders Petrie's Theory. In Reader (ed.). Proceedings of the Society of Antiquaries of London, 1910: 90-96; Lyell, Arthur H.. Notes on Charcoal from the Excavations of the Red Hills. In Reader (ed.). Proceedings of the Society of Antiquaries of London, 1908: 187-188; Newton, E. T.. Remarks on the osteological specimens found in Red Hills. In Reader (ed.). Proceedings of the Society of Antiquaries of London, 1908: 186-187; Petrie, William Flinders. Suggested origin of the "Red Hills". In Reader (ed.). Proceedings of the Society of Antiquaries of London, 1910: 88-90; Reader, Francis W. Additional remarks on the pottery and briquetage found in the Red Hills of Essex, and similar objects from other localities. Proceedings of the Society of Antiquaries of London, 2nd Series, 1908a, 22: 190-207; Reader, Francis W.. Report of the Red Hills Exploration Committee, 1906–1907. In Reader (ed.). Proceedings of the Society of Antiquaries of London, 1908: 165-181; Reader, Francis W.. Notes on the Briquetage Found in 1908–1909. In Reader (ed.). Proceedings of the Society of Antiquaries of London, 1910: 86-88; Reader, Francis W.. Report of the Red Hills Exploration Committee 1908–1909. In Reader (ed.). Proceedings of the Society of Antiquaries of London, 1910: 69-83; Reader, Francis W.. The red hills or salting mounds of Essex. Woolwich Antiquarian Society's Proceedings, 1911, 16: 29-39; Shenstone, J. C.. The woodlands of Essex. The Essex naturalist, 1908, 15: 105-115; Smith, Reginald A.. The Essex Red Hills as salt-works. Proceedings of the Society of Antiquaries of London, 2nd Series, 1918a, 30: 36-53; Wilmer, H.. Late-Celtic remains on the coast of Brittany comparable with the Red Hills. In Reader (ed.). Proceedings of the Society of Antiquaries of London, 1908: 207-214; Wilmer, H.. Comments on "The Essex Red Hills as Salt-Works" by Reginald A. Smith. Proceedings of the Society of Antiquaries of London, 2nd Series, 1918, 30: 53-54.

③ Fawn, A. J., K. A. Evans, I. McMaster, G. M. R. Davies. The Red Hills of Essex: salt-making in antiquity. colchester: Colchester Archaeological Group,1990: 37-39.

④ RH168 遗址见 Fawn 等（1990:60）；RH11 遗址见 Wilkinson, T. J., and P. Murphy (1986). The Hullbridge Basin survey, 1985. Interim Report No. 6. Archaeology Section, Planning Department, Essex County Council. 1986: 4-6, Fig.3, 4,7。

称作"烟道"。每组深沟都被烧土堆积的工作区域环绕,而且它们都打破了红丘。但是,考古学家还是不能确认,它们是造成红丘土壤发红的原因。①

20世纪70年代早期,考古学家布瑞赛(Kay De Brisay)在红丘的奥谢路(Osea Road)遗址②发掘出五条放射状的长沟。其中,"南组"遗迹由一系列敷有黏土的坑构成。1974年,布瑞赛在红丘的佩尔顿(Peldon)遗址③发掘了两座敷泥土坑,在紧邻土坑的西侧,发现一座炉灶遗迹。④

考古发掘证实,在红丘所在的海边,用于蒸发卤水的槽池与炉灶被分隔开来。涨潮时,潮水顺着滩涂上的溪沟涌上来,那些敷泥的坑池随潮水的上涨注满海水,经过日照蒸发,坑池内的卤水浓度不断增加,待浓度达到饱和时,将它们装入制盐容器内,运至炉灶上煮盐。在蒸发槽池和炉灶遗迹附近,考古学家发现了成堆的烧土和陶器残件,这应是每次煮盐后清理炉灶造成的废弃物堆积。根据在佩尔顿遗址发掘出的炉灶平剖面图⑤可知,红丘遗址的制盐炉灶在废弃之前曾经被多次清理,反复使用。

通过对奥谢路和佩尔顿两处遗址的发掘,以及对红丘其他遗址采集的遗物样本检测,布瑞赛认为,艾塞克斯盐场可能采用了开放式和封闭式两种不同的制盐技术。证据是,红丘遗址的炉灶分为封闭式和开放式两种,它们代表了两种不同的制盐工艺。在后来的研究中,对红丘的景观和这两种制盐方式进行了复原(图2.15)。但有人对这一说法持有异议,争论的焦点之一是,在奥谢路遗址缺少深沟;其二是在奥谢路和佩

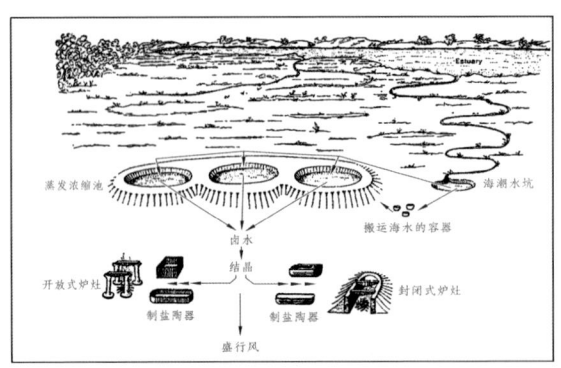

图 2.15 红丘制盐遗址的位置、布局及盐灶的结构(据巴盐,见《中国盐业考古(第二集)——国际视野下的比较观察》,2010,改制)

---

① Reader, Francis W.. Report of the Red Hills Exploration Committee, 1906–1907. In Reader (ed.). Proceedings of the Society of Antiquaries of London, 1908: 176; Reader, Francis W. . Report of the Red Hills Exploration Committee, 1908–1909. In Reader (ed.). Proceedings of the Socity of Antiquaries of London, 1910: 69-83; RH176遗址见Fawn等(1990: 60)。
② RH184遗址见Fawn等(1990:61); Goldhanger I遗址见Reader(1910b:图2)。
③ RH117遗址见Fawn等(1990:58)。
④ de Brisay, K.W.. The Excavation of a Red Hill at Peldon, Essex(with notes on some other sites) .Antiquaries journal, 1978, 58 (1): 31-60.
⑤ de Brisay, K.W.. The Excavation of a Red Hill at Peldon, Essex(with notes on some other sites).Antiquaries journal, 1978, 58 (1): 31-60.

尔顿两座遗址，陶支脚（火棍）和陶支座的出现频率不同。

红丘遗址挖掘出土的制盐陶器主要有三种：即陶支脚、长三角形陶支架和陶容器。陶支脚是用来支撑制盐陶器的，考古发现的多为顶部已残缺的部件。这类支脚的底部犹如打开的蘑菇伞状，也有的呈方形，胎体内掺入了大量的砂粒羼和料，颜色为灰色，应是在还原状态下烧制的。需要强调的是，不知出于何种原因，大部分支脚仅保留了底部和躯干部分，顶部缺失。以奥谢路遗址发现的一件完整支脚来看，以往那些被称作为"T形陶器"的遗物，实际上是支脚的顶部残件（图2.16：左）。[1]

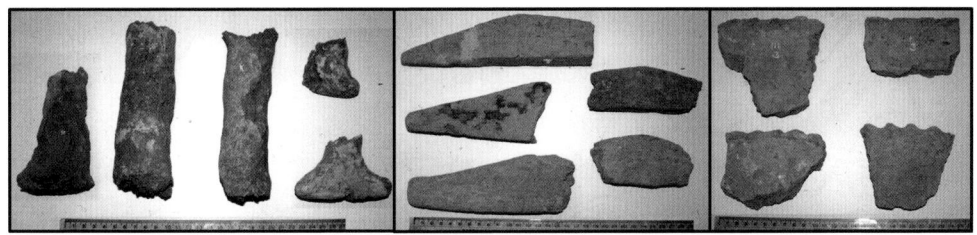

图2.16 红丘遗址出土的陶支脚、长三角形陶支架、陶器残片（据巴盐。见《中国盐业考古（第二集）——国际视野下的比较观察》，2010，改制）

第二种制盐陶器为长三角形陶支架。此类器物平面呈长三角状梯形，顶端略微平整，横截面为长方形，或两面略微内凹，长22~23厘米，色泽多为淡橙色或红色，应是在富氧氛围下烧制的。此类长三角形陶支架均是泥质陶，胎内不加任何羼和料（图2.16：中）。但有一点与支脚相同，即绝大多数都是残缺部件，至今尚未在红丘任何一座遗址发现完整的长三角形陶支架。此类器物或残留了一端，或两端都缺失了，仅存中间部分。布瑞赛通过研究已弄清楚了此类器物的演化形态。后来随着研究的深入，他最终又否定了自己的结论。[2] 现在看来，长三角形陶支架的外形可能并未出现所谓的演化。[3]

第三种为制盐陶容器。所见全部为大块的陶器残片，未见完整器。从陶器残片可知，这些容器的共同点是体形很大，以往考古文献常将其记录为"水

---

[1] de Brisay, K.W.. The Red Hills of Essex. In de Brisay, K.W., K. A. Evans (eds.). Salt: the study of an ancient industry (report on the salt weekend held at the University of Essex, 20, 21, 22 September 1974). Colchester: Colchester Archaeological Group, 1975: 5-11.

[2] de Brisay, K.W.. A further report on the excavation of the Red Hill at Osea Road, Maldon, Essex, 1972. Colchester Archaeological Group bulletin,1975, 16:19-38; de Brisay, K. W.. The excavation of a Red Hill at Peldon, Essex: Report on the First Year. Colchester Archaeological Group bulletin ,1974,17:25-42.

[3] （美）巴盐：《中坝遗址与南英格兰艾塞克斯红丘遗址出土制盐陶器的比较》。见李水城，罗泰：《中国盐业考古（第二集）——国际视野下的比较观察》，北京：科学出版社2010年版，第320-345页。

槽"或"水缸",给人以容量巨大的印象。研究表明,此类器物的造型为长方形或近长方形,有些器物下部边缘有一定的弧度,故有学者称之为"猪食槽"。也有些器物口部向外延伸,被称作"奶油盘"。其共同点是口缘部分均捏塑有近似扇贝的波浪状花边。从保留下来的底部看,都是平底。或可将此类器称为"长方形陶缸"(图2.16:右)。

在红丘遗址还发现有一种圆形陶容器,可能是制盐所用的大型蒸发罐。特点是陶胎内添加有谷壳为羼和料,残片的表面遗留有谷粒状印痕,应是将陶坯放在撒满谷壳的平台上使然。此类器物的底部有凹槽,应是在陶坯阶段放置在枝条上留下的印痕。类似的枝条凹槽印痕也见于炉灶的壁面。近距离观察显示,此类痕迹是工人在火烧之前用手指划在炉壁上的。事实上,大量陶质废弃物是清理炉灶过程中的产物。

在红丘遗址还发现很多与制盐有关的小型陶器。其中一类为楔形器,外形作三角形或弓形。此类器物主要用在支脚与陶容器之间的缝隙处,可起到加固和稳定支撑的作用。第二类为捏制的陶支柱。其形态一端较平,另一端较尖锐,原料是取自海边滩涂的泥土,按需要捏成某种形状即可。使用时可将其塞入某个需要固定的人工制品之间,使之保持平衡稳定,作用与陶楔子类似。还有一种系手制的粗糙泥棍,经火烧结,最长达18厘米,直径3厘米,用途不明,采集品也不多。从其尾部带有圆形物体的凹痕看,推测是将其按压在某种器物上的部件。①

根据上述发现,考古学家对红丘遗址早期制盐工艺进行了复原,即先挖出一个"Y"字形的长条窄沟,作为煮盐炉灶的火道。其中,主火道部分尺寸相对稍宽一些,副火道的尺寸略窄。主火道为直线形,在靠近前侧的位置斜插出副火道(图2.17:左)。

在主火道的底部等距离安放支脚(支柱),每个支脚的顶面放置一块湿泥坨,将长方形的煮盐陶容器一个挨一个地安放在支脚上,湿泥坨可起到稳固的作用。主火道两侧的空隙处要用泥片仔细地加以封堵。主火道的剖面结构如图2.17右图所示。在副火道的开口部位等距离地摆放并固定长三角形陶支架,支架的三角斜面用来放置平底的小陶罐,副火道的上部不用封闭。

---

① Fawn, A. J., K. A. Evans, I. McMaster, and G. M. R. Davies. The Red Hills of Essex: salt-making in antiquity. Colchester: Colchester Archaeological Group, 1990.

点火后，火焰顺着主火道向前方蔓延，副火道可抽取火焰热力，起烟囱的作用。如此结构，可利用封闭的主火道的热度熬煮大型容器内的卤水，待盐开始结晶时，将湿盐捞到副火道上的小陶罐内，利用副火道的余温将湿盐烘干，制成盐锭。

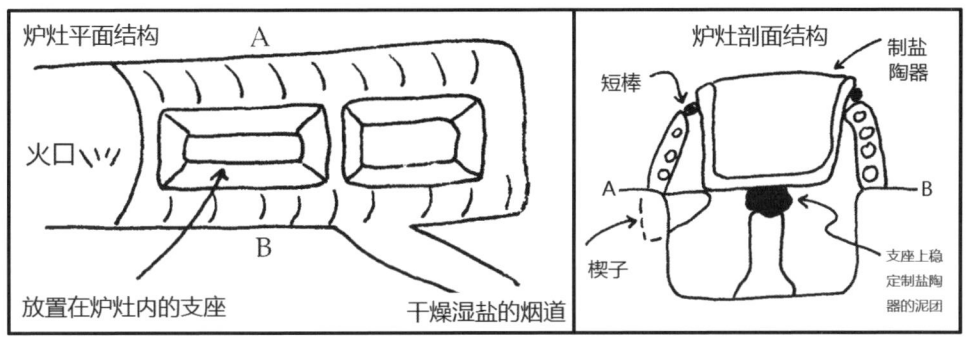

图2.17 炉灶结构复原图（据《中国盐业考古（第二集）——国际视野下的比较观察》，2010，改制）

经过多年的研究，考古学家对于红丘遗址的性质和制盐工艺流程有了深入的了解，并在这些研究工作的基础上，复原了红丘遗址前罗马时期的制盐场景和自然景观（图2.18）。

图2.18 红丘遗址制盐炉灶的整体结构及操作示意（据巴盐。见《中国盐业考古（第二集）——国际视野下的比较观察》，2010，改制）

第四节 奥地利与德国

一、奥地利的哈莱茵和哈尔施塔特

在奥地利有两处欧洲中部历史上最著名的盐矿区，即奥地利西北地区的哈尔施塔特及其附近的哈莱茵，它们是世界上最早开采盐矿的地区之一，从青铜时代（公元前15世纪—前8世纪）一直延续到铁器时代（公元前8世纪—前1世纪）（图2.19）。早在1268年，在哈莱茵就出现了新的盐矿开采技术，人们将水灌到盐矿矿洞内，将岩盐化为水，再将其抽取出来引到村子里，用大型铁盘来熬煮制盐。

图2.19 奥地利哈尔施塔特的自然景观（引自d'or Blance, de Hallstatt, 2005）

1666年，《萨尔茨堡编年史》（*Salzburg Chronicle*）记载了这样一件事："1573年，一个冬夜的13日，一颗摇晃的彗星出现在天际，就在当月的26日，发现一个身高有九只手臂长的男人尸体，身体、发须和衣服都未腐烂。他的皮肤呈现一种如烟熏般的棕色，像鳕鱼一样又黄又硬。这个男人的尸体在杜恩堡（Tuermberg）山约6 300尺的深处被挖了出来，接着被摆放在教堂供人们观看。但过了不久，他的身体开始腐败，并就此长眠土中。"

实际上，这具男尸是一位盐矿工人在哈莱茵镇杜恩堡山中的矿井里发现的。哈莱茵的字面意思就是"盐",此地靠近奥地利著名音乐家莫扎特的老家萨尔茨堡(Salzburg),其字面意思即"盐城"。这具保存完好的男尸"像鳕鱼一样",又干又咸。他留着胡须,着长裤、毛夹克,穿皮鞋,戴圆筒状毛帽,衣服的材质为红色斜纹格子呢布。身旁还放着一把十字镐,显然也是一位矿工。这个发现令人们大吃一惊,因为是盐妥善保存了这位矿工的尸体和衣服的鲜艳色泽。

1616年,同样的一具盐尸在哈尔施塔特山中的盐矿内被发现。这位史前矿工手里拿着工具、火把、号角(联络用)和装盐的皮口袋。他在黑暗的矿井中辛劳地工作,不幸在公元前400年的一次矿难中死去,又被矿井中的盐完整地腌制保存下来。

这些身着鲜艳服装的盐工是凯尔特人。在罗马和希腊史学家眼中,凯尔特人身材高大、面目凶悍,身着鲜艳的服装。亚里士多德把他们描述成体形肥胖、令人厌恶的野蛮人,全身赤裸地活动在欧洲北部的寒冷环境中,对陌生人怀有敌意。

Celts(凯尔特人)这个词来自希腊文,意思是"躲躲藏藏或住所隐蔽的人"。但罗马人把他们称作Galli或Gauls(高卢人),这两个词也出自希腊文,曾被埃及人引用,称Hals,这个词在希腊文里有"盐海"之意。如奥地利提罗尔(Tyrol)市的市徽就是两头张牙舞爪的狮子抬着一桶"盐"(图2.20)。可以说,凯尔特人是个制盐的民族。他们居住在德国东部的哈雷、南部的施瓦比什哈尔,奥地利的哈莱茵、哈尔施塔特等地,这些地名均出自同一个词根,即Hall(盐),而且历史上这些地方都是著名的盐产地,并延续至今。凯尔特人的领土包括今天的匈牙利、奥地利,德国的巴伐利亚,莱茵河、美因河、尼克河、鲁尔河、伊瑟河等地,这些地名也都是凯尔特人起的。他们利用河流发展贸易,征服其他民族,后来向西进入法国,向南抵达西班牙,向北到了比利时。当那些盐工被困在矿井下面时,凯尔特人正迁入不列颠群岛。一个世纪以后,他们又转战地中海地区。公元前390年,他们攻陷了罗马。

图2.20 奥地利提罗尔(Tyrol)市的市徽为一桶"盐"(引自Marie-Yvane Daire, 2003)

直到 19 世纪，西方史学家才逐渐扭转了以往将凯尔特人看作粗野、恐怖的野蛮民族的看法。

1846 年，一位名叫约翰·乔治·拉姆萨尔 (Johann George Ramsauer) 的采矿工程师前往奥地利靠近哈莱茵的哈尔施塔特山上的盐矿，目的是调查和寻找黄铁矿，在矿区内他发现了古代墓葬和两具骷髅、一柄斧头和铜制的珠宝饰物，接下来又发现了 7 座古墓葬和人骨，遂向维也纳政府汇报了他的发现，得到国家钱币博物馆馆长提供的一笔钱，资助他去进行发掘。后来，他在哈尔施塔特发掘了 58 座古墓，在墓中发现了带彩绘装饰的墓穴。接下来的 16 年里，他总计发掘了上千座古墓，包括土坑葬和骨灰葬（图 2.21：上）。

在那些富裕的盐矿工人墓中，出土有很多来自地中海、北非和近东地区的奢侈品，显然都是用盐交换来的。拉姆萨尔将每座墓做了编号，将大量文物进行分类，并专门请了画家来用水彩画记录每座墓内的尸骨和随葬品（图 2.21：下）。拉姆萨尔的发掘采用了比较科学的方法，这也使得他成为欧洲考古学史上的一位先锋人物。在这个过程中，他还不断研究和学习早期从事盐矿开采和盐业贸易的凯尔特人的历史，他所使用的"哈尔施塔特时期"（The Hallstatt Period）后来成为欧洲考古学中的专有名词，并作为欧洲青铜时代晚期到铁器时代考古学文化的代名词。[①] 拉姆萨尔在哈尔施塔特发掘的墓葬大部分为公元前 700—前 600 年，也有部分晚到公元前 500 年左右，这也是哈尔施塔特盐

图 2.21 哈尔施塔特墓地及随葬铜器、金器和装饰品
（引自 d'or Blance, de Hallstatt, 2005, 改制）

[①] Kurlansky, Mark. Salt: a world history. New York: Walker Co., 2001.

矿开采的时间。今天，哈尔施塔特文化的年代上限已进一步向前推到了公元前1300年甚至更早。

二、德国的盐业考古

德国是最早开展盐业考古的国家。前面提到20世纪初法国塞耶河谷马萨尔制盐遗址的发掘就是德国人做的。[①]1903年，德国海尔布隆市（Heilbronn）博物馆馆长施立兹（Schliz）为了解当地史前时期的盐井开凿术和制盐工艺，曾以法国塞耶河谷的考古发现为蓝本，在博物馆复原了一座制盐炉灶模型。[②]其实，当时在海尔布隆就发现有一批真正的制盐陶器，但没有人能认识，并一直把这些制盐陶器看作冶炼金属的坩埚残件。

德国的地下蕴藏有丰富的岩盐，但没有证据表明这些盐矿在史前时期曾被开采。相反，德国早期的盐是从海水和盐泉中提取的，并进而发展出早期的制盐产业。通过罗马时代（1世纪—3世纪）以来的书面资料可大致了解上述两类制盐资源的利用和贸易情况。但是，前罗马时代的制盐业则完全要依赖考古。由于具有易溶性，盐在遗址中不会留下任何痕迹，但是，如果盐是通过陶器从生产者向消费者转移的，制盐容器就会出现在盐消费地点的生活垃圾中。到了铁器时代晚期（公元前5世纪—前1世纪），一些大型制盐工场已形成一定规模，并发展出远程盐业贸易，由于盐的生产、销售及燃料供应需要一套复杂的系统和基础设施，也会留下巨量的制盐陶器堆积。目前在德国发现的早期制盐地点有两处，分别是位于黑森的巴特瑙黑姆遗址和萨克森-安哈尔特萨勒河谷的哈雷遗址，但其产业规模均无法与法国东部塞耶河谷的制盐遗址相比。[③]

从图2.22可以看到德国史前制盐的地点及考古发现的制盐遗物情况。其中，1号地点位于威悉（Weser）河谷下游，制盐陶器使用的是喇叭口杯形器。[④]2号地点位于莱茵河谷下游，使用的是一种类似板瓦状的陶器制

[①] 当时阿尔萨斯和洛林地区被划归德国。
[②] Schliz, Alfred. Salzgewinnung in der Hallstattzeit mit Bezugnahme auf die mutmasslichen Verhältnisse in Württembergisch-Franken. Zeitschrift für Ethnologie ,1903,35: 642-650; Hees, Martin. Vorgeschichtliche Salzgewinnung: Auf den Spuren keltischer Salzsieder.In Jacob, Christina and Helmut Spatz (eds.). Schliz-ein Schliemann im Unterland? 100 Jahre Arehäologie im Heilbronner Raum, Anläßlich der gleichnamigen Ausstellung der Städtischen Museen Heilbronn, 17, September 1999 bis 9. Januar 2000. Verlag: Heilbronn. pp.154-173.
[③] （法）奥利维尔（Laurent Olivier）、（英）科瓦希克（Joseph Kovacik）：《法国洛林塞耶河谷的制盐陶器：欧洲铁器时代盐的原始工业生产》，张颖、彭鹏编译，林永昌初校，李水城终校及校注，《南方文物》2008年第1期，第34-39页。
[④] Först, Elke. Briquetage-Funde im Weser-Ems-Gebiet. Archäologisches Korrespondenzblatt, 1988,18: 357-364.

盐。①3号地点位于威斯特伐利亚的维尔（Werl），那里的制盐陶器是一种直口的圜底小罐。②4号地点位于德国中部的哈勒/萨勒河谷附近，这里的制盐陶器形态较复杂，有圜底钵形器、假圈足碗、平底浅腹盘、高柄杯，高柄杯又分为粗细两种。③5号地点位于德国东部，并一直向东延伸到捷克共和国境内，制盐陶器为喇叭口的平底碗。④6号地点为黑森的巴特瑙黑姆，这里的制盐陶器形态较复杂，有圈足碗、敞口假圈足碗、大喇叭口敛腹碗和敛口杯。⑤7号地点位于德国西南部，即施瓦比什哈尔附近，制盐陶器为圜底小罐和敛口敛腹的小碗。⑥上述遗址除了2号地点为消费性质外，其他地点均为生产区。另有证据表明，上述区域之间还有某种形式的销售网络存在。已有材料证实，在德国中部，从新石器时代晚期开始用陶器制盐。在德国东部，这个时间推迟到青铜时代。其他区域则都晚到了

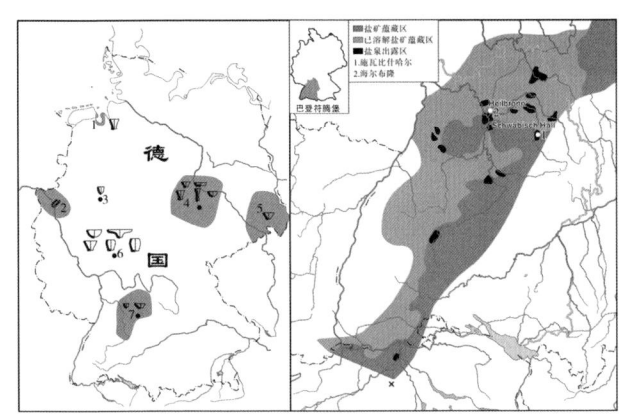

图2.22　德国各地制盐陶器的形态及西南部的盐业资源分布（据Martin Hees。见《中国盐业考古（第二集）——国际视野下的比较观察》，2010，改制）审图号：GS（2019）2184号

---

① Simons, Angela. Archäologischer Nachweis eisenzeitlichen Salzhandels von der Nordseeküste ins Rheinland. Archäologische Informationen, 1987, 10(1): 8-14.

② Mesch, Herrmann. Das Briquetage Europas mit besonderer Berücksichtigung des westfälischen Briquetage. Münster: Lit, 2001.

③ Matthias, Waldemar. Das mitteldeutsche briquetage: formen, verbreitung und verwendung. Jahresschrift für mitteldeutsche Vorgeschichte, 1961, 45: 119-225; Riehm, Karl. Prehistoric salt-boiling. Antiquity, 1961, 35: 181-191.

④ Šaldová, Vera. Westböhmen in der späten Bronzezeit: Befestigte Höhensiedlungen, Okrouhlé Hradiště. Praha: Archeologický ústav, 1981; Bönisch, Eberhard. Briquetage aus bronzezeitlichen Gräbern der Niederlausitz. Arbeits- und Forschungsberichte zur sächsischen Bodendenkmalpflege, 1993, 36: 67-84.

⑤ Süß, Lothar. Zur latènezeitlichen Salzgewinnung in Bad Nauheim: Versuch einer Deutung einiger wichtiger Briquetage-Typen. Fundberichte aus Hessen, 1973, 13: 167-180; Kull, Brigitte. Die Erforschung des Salinenareals seit 1837. In Kull, B. Sole und Salz schreiben Geschichte: 50 Jahre Landesarchäologie, 150 Jahre archäologische Forschung in Bad Nauheim. Archäologische und Paläontologische Denkmalpflege Landesamt für Denkmalpflege Hessen. Mainz: Philipp von Zabern, pp.156.

⑥ Hees, Martin. Vorgeschichtliche Salzgewinnung: Auf den Spuren keltischer Salzsieder. In Jacob, Christina and Helmut Spatz. Schliz-ein Schliemann im Unterland? 100 Jahre Arehäologie im Heilbronner Raum, Anläßlich der gleichnamigen Ausstellung der Städtischen Museen Heilbronn, 17, September 1999 bis 9. Januar 2000. Verlag: Heilbronn, pp.154-173.

铁器时代，只有威悉河谷的制盐生产一直延续到罗马时期。进入中世纪早期，德国所有制盐地点都开始改用金属容器制盐。

目前，德国学者对德国中部巴特瑙黑姆、哈勒附近的盐业考古和研究工作做得较为深入细致，对威斯特伐利亚的维尔和巴登－符腾堡（Baden-Württemberg）的施瓦比什哈尔也做了有限的研究，对横跨德国东部和捷克北部的北海沿岸地区做的工作较少，对于莱茵河下游发现产于荷兰沿岸的制盐容器了解也不多。此外，可能还有一些待发现的新地点。据报道，在德国西部巴拉丁（Palatinate）地区的巴特 迪尔凯姆（Bad Dürkheim）就发现有可能属于铁器时代的制盐陶器。[①]

德国早期的盐业考古工作可以铁器时代的施瓦比什哈尔遗址的发掘为代表。这处遗址位于科赫尔（Kocher）河谷东坡的一座中世纪城镇。1939—1940年在一处施工现场发现了整座遗址，德国考古学家随即进行了抢救发掘，在50平方米的范围内发掘出土3万件制盐陶器残片。[②]这次发掘使人们对德国铁器时代的制盐业有了初步了解，但很多细节问题还有待深入研究。为此，围绕这座遗址的研究一直都没有停止。

这次考古发掘以维克（Veeck）制订的计划为蓝本，但挖掘未触及遗址中心部分。[③]通过发掘证实，遗址的文化堆积埋在地表以下5~6米深处。图2.23显示了当时清理出的一处主要遗迹的情况，两件线纹陶盆埋在河流砾石之上，其中一件被一块井口部位的方形木框打破，另一件被木棍、枝编、木板和石块、水槽环绕。还发现用橡木制作的水槽、木管等。这些遗物出自几个不同的层位，并非同时期的遗留。其中，6号水槽的上部叠压有木板状的构造，附近还有一节用杉木制作的木管。

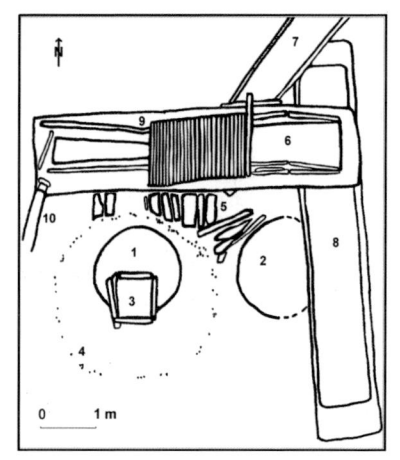

图2.23 1939—1940年在施瓦比什哈尔发掘出的制盐遗迹（据Martin Hees。见《中国盐业考古（第二集）——国际视野下的比较观察》，2010，改制）1、2—线纹陶盆，3—方形井口木框，4—木棍、枝编，5—木板和石头工作面，6~8—橡木槽，9—木板，10—木管

---

① Bernhard, Helmut and Gertrud Lenz-Bernhard Die Eisenzeit im Raum Bad Dürkheim. Archäologie in der Pfalz, 2001,2: 297-321.
② Hommel, Wilhelm. Keltische und mittelalterliche Salzgewinnung in Schwäbisch Hall. Württembergisch Franken, 1939-1940, 20-21: 129-144; Kost, Emil. Die Keltensiedlung über dem Haalquell im Kochertal in Schwäbisch Hall. Württembergisch-Franken, n.s, 1939-1940, 20-21: 39-111; Veeck, Walter. Eine keltische solesiederei in Schwäbisch Hall. Württembergisch-Franken, n.s,1939-1940, 20-21: 112-128.
③ Veeck, Walter. Eine keltische solesiederei in Schwäbisch Hall. Württembergisch-Franken, n.s. 1934-1940, 20-21: 112-128.

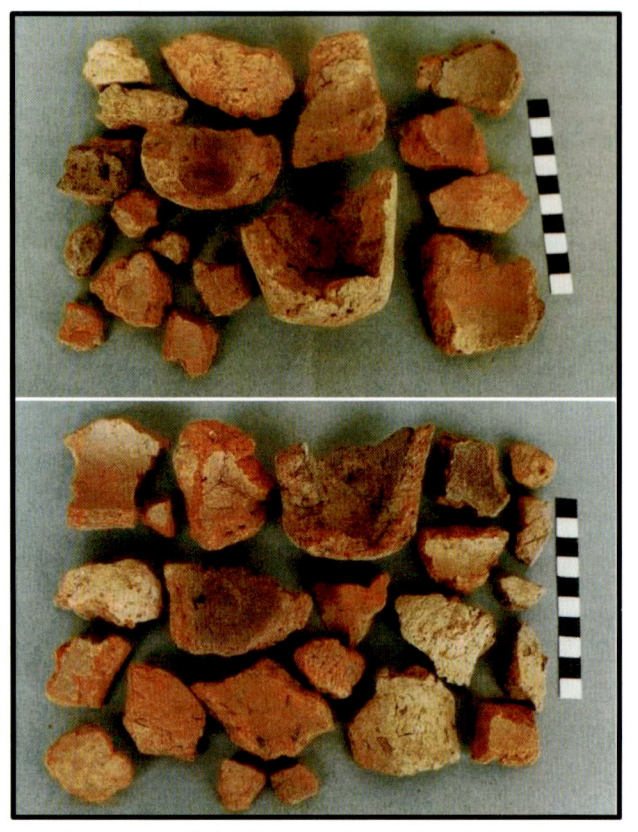

图 2.24　施瓦比什哈尔发掘出土的制盐陶器残件
(引自 Christina Jecob and Helmut Spatz, 2000)

上述遗迹被一层制盐陶器所覆盖，堆积中包含灰烬、碎陶片、陶支脚部件、炉壁残块及不定形的黏土烧结物等。在铁器时代的地层上部叠压着中世纪的地层和近现代地层。由于此次发掘被局限在施工现场一个范围不大的地点上，所以仅了解了小部分。遗址中出土了大量制盐陶器的残片，全部为夹砂红陶、红褐陶，器表内外和质地都很粗糙，胎体厚重，底部尤甚，表面无纹，可复原为直口微圜底、腹壁较直的小罐（图 2.24）。

施瓦比什哈尔遗址地层中发现的橡木水槽很可能是用于卤水蒸发提浓的容器。相反，在巴特瑙黑姆出土的类似木槽却被认为是用于清除卤水杂质的容器。当然，这种说法也适用于解释施瓦比什哈尔橡木水槽的功能。

2004—2005 年，研究人员通过电子显微镜对德国南部一些铁器时代遗址出土的制盐陶器进行了分析。这些出自不同地点的容器内壁显示有灰白色残留物的痕迹，有些残留物占到总容积的 1/3。此前的化学分析表明，这种残留物的主要成分是钙碳酸盐和某种硅酸盐类，或许是石灰和沙子。但通过电子显微镜对出自巴登－符腾堡的内卡苏尔姆－上爱瑟斯海姆（Neckarsulm-Obereisesheim）遗址的制盐容器进行分析，结果显示其残留物是由石灰石、黏土和沙子组成，并经由一种超细碳酸钙烧结，将三者结合起来。实际上，这些物质都是在煮盐过程中逐渐形成的，可证用于煮盐的卤水源自石灰岩地层，而内卡（Neckar）河谷与科赫尔河谷的下面就是石灰岩地层。这也进一步证实，当时的卤水在煎煮之前并未做任何的净化处理。反之亦表明，上述遗址出土的那些木质水槽很可能并不是用来净化卤水的设施，而是卤水提浓的容器，即通过淋滤含盐泥土和沙子提高卤水浓度。

科奇（Robert Koch）是首位意识到德国西南部制盐容器的形态存在年代差异的学者。[①] 他的研究显示，施瓦比什哈尔至少包含两种制盐炉灶，分别使用了不同的制盐陶器，而且分属于铁器时代的不同阶段。其中，早期制盐陶器均为手工模制的夹砂陶，个头较小，高仅8～10厘米、直径6～8厘米，器壁厚达2.5厘米。陶土中普遍掺有砂粒，烧成的陶器颜色在橘色到红色之间。这些圜底筒形小罐很可能是用木模具制作的，有些器物表面还留有指印痕迹，内壁都较光滑，外表因掺有细砂和谷壳，显得比较粗糙。在煮盐炉灶内，与之配套的器具为顶部带分叉的陶支脚，这些筒形小罐被放置在顶部带分叉的支脚上。陶支脚高20～25厘米、直径4～8厘米（图2.25：中A）。

施瓦比什哈尔出土的晚期制盐容器为敛口碗，器形稍大一些，高5～7厘米、直径15～25厘米，内敛口，宽缘，敛腹，平底，壁厚1.5厘米。这些容器的细节形式多样，均是夹砂陶，原料为

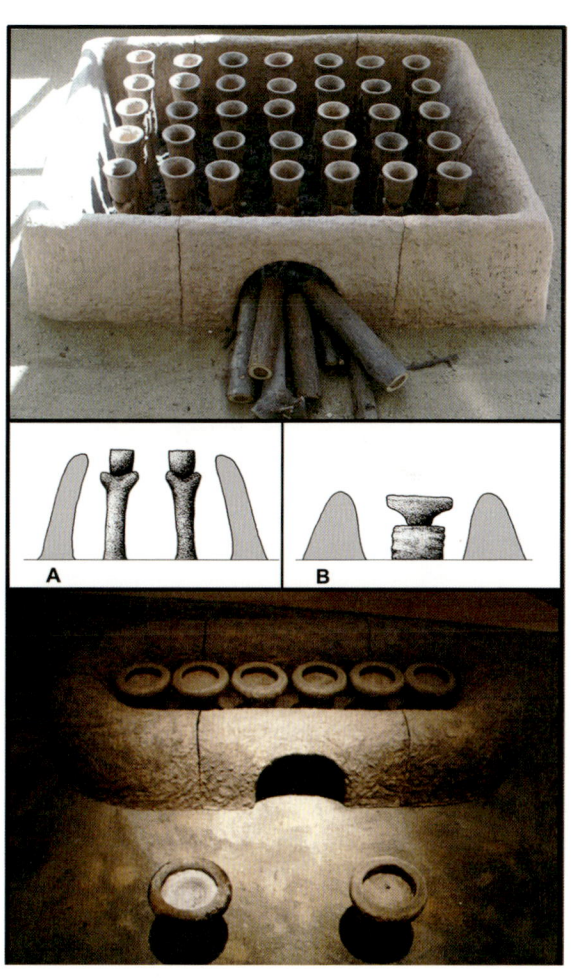

图2.25 施瓦比什哈尔早晚不同时期的制盐炉灶结构及复原模型（李水城摄于德国）

[①] Koch, Robert. Siedlungsfunde der Latène- und Kaiserzeit aus Ingelfingen (Kr. Künzelsau). Fundberichte aus Schwaben, n.s., 1971, 19: 124-174.

黏土与碎砂石的混合体，烧成后为橙红色，有些呈灰棕色，内壁较光滑，外表粗糙，器口下部留有指印痕。在煮盐炉灶中，与之配套的器具为低矮的圆柱状平顶支座。这类敞口碗被放置在低矮的圆柱状平顶支座上，支座也为陶制，高度与直径为 6 ~ 8 厘米（图 2.25：中 B）。

上述制盐陶器的形态与德国中部（哈雷及周边）、威斯特伐利亚的维尔、比利时和法国西部的比较接近。① 更为有趣的是，据民族志调查资料，这些制盐陶器与法国社会人类学家顾垒（Gouletquer）1973 年在西非尼日尔国曼嘎地区调查所见的制盐器具非常相似。② 可见类似制盐工艺在这个世界上存在的时间非常之久，而且极具普遍性。

此次发掘并未发现任何制盐炉具。但在 1940 年的发掘记录中提到，炉具可能被埋藏在更深的黏土层，根据是在废弃物堆积中发现有炉壁碎块、制盐容器及支撑物残片等遗物。

德国考古学家曾多次尝试对施瓦比什哈尔的古代煮盐炉灶进行复原。目的是帮助巴特弗里德里希哈尔（Bad Friedrichs Hall）现代制盐工场的陈列室提供展品。复原工作遵照霍麦尔（Hommel）的构思进行，此人参加了 1940 年施瓦比什哈尔的发掘。③ 他的复原理念深受施瓦比什哈尔中世纪及现代早期制盐工场的影响，试图将 1939—1940 年发现的每一种元素都包容进来，他最后提出了一个相当混杂的复原模型，其结构完全混淆了铁器时代和中世纪制盐炉灶的不同结构。

1993—1996 年，考古学家在该址的钻探揭示出一座铁器时代的制盐工场，以及有巨量制盐陶器的堆积，对铁器时代的制盐工场有了进一步了解。

再现人类早期制盐的过程不能仅仅依赖考古发现，还需要大量借助民族志资料和模拟实验，将民族志资料与考古发现以及相关的制盐知识结合起来。1999 年，在组织和设计德国海尔布隆博物馆的展览过程中，赫斯（Hees）博士等人复原了一组施瓦比什哈尔类型的制盐炉灶。鉴于 1939—1940 年的发掘记录不够详细，考古发现也仅有些残迹，他通过与民族志资料的对比，找到一些重要元素，使其复原模型与本地所出制盐陶器的特征相符。这个复

---

① Fries-Knoblach, Janine. Gerätschaften, Verfahren und Bedeutung der eisenzeitlichen Salzsiederei in Mittel- und Nordwesteuropa. Leipziger Forschungen zur Ur- und Frühgeschichtlichen Archäologie, v. 2. Leipzig: Repromedia, 2001.
② Gouletquer, Pierre Louis, and Dorothea Kleinmann. Die Salinen des Mangalandes und ihre Bedeutung für die Erforschung der prähistorischen Briquetagestätten Europas. Mitteilungen der Anthropologischen Gesellschaft in Wien , 1978, 108: 41-49.
③ Hommel, Wilhelm. Keltische und mittelalterliche Salzgewinnung in Schwäbisch Hall. Württembergisch Franken, 1939-1940,20-21: 129-144.

原模型目前在海尔布隆市博物馆展出。① 但在某些细节方面还需要进一步斟酌。此外，他们还利用复原的制盐炉灶模型进行了模拟实验，制盐陶器采用施瓦比什哈尔早期形态（图2.25：上）。因为是初次实验，经验不足，加之对炉温掌控出现了问题，盐水煮得过于沸腾了，导致一些制盐容器破裂，但最后还是在容器内部分填满了结晶盐块，可以说部分成功。特别是通过实验，他们发现制盐陶器的磨损情况与考古学家从铁器时代遗物上看到的磨损痕迹完全一致。②

2000年，海尔布隆市博物馆的专家们采用施瓦比什哈尔晚期的制盐陶器再次复原了一座小型炉灶，并进行了煮盐模拟实验，结果优于前一次用早期制盐陶器复原的实验。但在温度的掌控上依旧是个难题。晚期制盐容器形体略大，也较开放，由于器口内折，有助于防止或减少盐水煮沸时外溢。尽管温度掌控不好，也造成了陶器破裂，但仅有少量卤水外溢流失。实验进行到最后，那些制盐陶器内的结晶盐一直填满到器口，中心部位有轻微的凹陷（图2.25：下）。③

2001年，学者们还将施瓦比什哈尔晚期的制盐陶器和支座与巴特瑙黑姆遗址的出土物进行了比对。④ 施瓦比什哈尔博物馆的专家用这组陶器和支座对制盐炉灶做了复原，选用的是巴特瑙黑姆类型的炉灶结构形式，不过，专家们最后对复原的炉灶高低感到困惑。但是民族志资料显示，在中美洲的危地马拉确实发现有这么矮的制盐炉灶。⑤ 迄今为止，一系列的模拟复原实验使德国考古学家认识到，不同类型的制盐炉灶采用陶器煮盐时始终遵循同一原理，但在细节上会有相当大的差异。

在德国海尔布隆附近的内卡河谷中游，还发现有其他一些制盐工场。该

---

① Hees, Martin. Prähistorische Salzgewinnung: Der Beitrag der Ethnographie zu ihrer Erforschung. Ethnographisch-Archäologische Zeitschrift, 2002b, 43(2): 227-244.
② Hees, Martin. Neue Experimente zur latènezeitlichen Salzgewinnung: Das Briquetage von Schwäbisch Hall. Experimentelle Archäologie, Bilanz 2001. Archäologische Mitteilungen aus Nordwestdeutschland, supplement, 2002a, 38: 27-32.
③ Hees, Martin. Neue Experimente zur latènezeitlichen Salzgewinnung: Das Briquetage von Schwäbisch Hall. Experimentelle Archäologie, Bilanz 2001. Archäologische Mitteilungen aus Nordwestdeutschland, supplement, 2002a, 38: 27-32.
④ Süß, Lothar. Zur latènezeitlichen Salzgewinnung in Bad Nauheim: Versuch einer Deutung einiger wichtiger Briquetage-Typen. Fundberichte aus Hessen, 1973,13: 167-180; Kull, Brigitte. Die Erforschung des Salinenareals seit 1837. In Kull, B. Sole und Salz schreiben Geschichte: 50 Jahre Landesarchäologie, 150 Jahre archäologische Forschung in Bad Nauheim. Archäologische und Paläontologische Denkmalpflege Landesamt für Denkmalpflege Hessen, Mainz: Philipp von Zabern, 2003: 156.
⑤ Reina, Ruben E., John Monaghan. The ways of the Maya: salt production in sacapulas, Guatemala. Expedition,1981,23(3): 13-33.

区域不仅发现了盐井，还在聚落遗址发现了高密度堆积的制盐陶器，但却没找到制盐遗址。假定内卡河谷的制盐工场像施瓦比什哈尔那样，遗迹被深埋在铁器时代的河谷地层，那么这些遗址很有可能已经被数米厚的淤泥和砾石覆盖，很难被发现。

在迪姆贝格，专家们通过对矿井中发现的人类粪便遗存研究，表明当时人们已具备了包括谷物、豆类和肉类在内的标准化食谱和较平衡的膳食营养结构，可见当时或许已有某种程度的集中式食物供给。但矿工们的生存状况还是十分恶劣，他们中间有98％的人患寄生虫病。[1]迪姆贝格墓地的研究还表明，矿井中的工作环境极度危险，而且相当劳累，矿工死亡率明显高于同时期的其他群体。[2]同时，通过对蒸发式盐田的研究，有证据表明，有一些植物是从地中海一带输入的，如在巴特瑙黑姆的拉腾文化堆积中发现胡荽、无花果、李子和葡萄，可能代表了某些人的食谱中有"外来的奢侈品"。[3]目前对施瓦比什哈尔的情况还不很了解，仅在放射性碳素取样的钻孔中发现属于拉腾文化晚期的无花果。[4]同时在早期发掘的拉腾文化地层还发现可能属于李子或樱桃的种子。[5]考虑到巴特瑙黑姆的背景，施瓦比什哈尔发现的类似证据很有价值。一般情况下，哈尔施塔特文化和拉腾文化的普通人是很难享受到这类奢侈食品的。

---

[1] Olivier, Laurent. Le "Briquetage de la Seille"(Moselle)-Prospection thématique et sondages de vérification des anomalies géomagnétiques, Campagne 2002. Saint-Germain-en-Laye, Musée des antiquités nationales.
[2] Kull, B..Sole und Salz schreiben Geschichte: 50 Jahre Landesarchäologie, 150 Jahre archäologische Forschung in Bad Nauheim. Archäologische und Paläontologische Denkmalpflege Landesamt für Denkmalpflege Hessen. Mainz: Philipp von Zabern.
[3] Kreuz, Angela. Landwirtschaft und Umwelt im keltischen Hessen. In Jörg Biel et al. (eds.), Glaube - Mythos – Wirklichkeit: Das Rätsel der Kelten vom Glauberg (exhibition catalogue), 2002a: 75-81; Kreuz, Angela. Note sur les premiers résultats des déterminations archéobotaniques des échantillons prélevés en 2002 dans le Briquetage de la Seille. In Olivier (ed.) 2002b: 70-80; Kreuz, Angela. Archäobotanik: Forschungen der hessischen Landesarchäologie zu Umwelt, Landwirtschaft und Ernährung der Vorzeit. Themen der Hessenarchäologie, Wiesbaden: Landesamt für Denkmalpflege Hessen, 2005, 1: 23; Kreuz, Angela and Nicole Boenke. Hirsebrei, Feigen und Landwirtschaft, Umwelt und Ernährung im Bad Nauheimer Raum. In Kull (ed.) 2003: 254; Kreuz, Angela and Jochen Görsdorf. Archäobotanische Ergebnisse der eisenzeitlich-keltischen Fundstellen Bad Nauheim "Im Deut" und Schalheim, Bad Nauheim "Wilhelm-Leuschner-Straße" (Wetteraukreis). Berichte der Kommission für Archäologische Landesforschung in Hessen, 2000-2001, 6: 246-247, 254.
[4] 也可能是芹菜，Manfred Rösch 个人通讯（2006），另见Kreuz and Boenke, 2003: 254。
[5] Kost,Emil. Die Keltensiedlung über dem Haalquell im Kochertal in Schwäbisch Hall. Württembergisch-Franken, n.s.1939—1940,20-21: 39-111; Fischer, Elske and Rösch, Manfred. Aufschlüsse und Bohrungen in der Altstadt von Schwäbisch Hall. Archäologische Ausgrabungen in Baden-Württemberg,1993.

第五节　欧洲中部及东欧的早期制盐业

一、新石器时代

欧洲最早的制盐陶器主要发现在中欧和内陆的东南欧地区。目前，尚未找到明确属于新石器时代早期阶段的制盐遗址。但也有学者根据考古发现，从理论上推测这个时期应该存在制盐产业，只是至今尚未发现同时期的制盐陶器。是否这个阶段采用了不使用陶器制盐的方法，还有待于进一步的发现和研究证实。

根据现有考古发现，最早的制盐陶器主要发现在东南欧。如在波斯尼亚和黑塞哥维那的图兹拉（Tuzla）就出土有完整的制盐陶器，造型为大口尖锥底器或大口圆柱底器，上半部胎体厚薄适中，下半部至器底胎体厚重，口径约10厘米、高约15厘米，器表素面无纹（图2.26：左下）。此外，还发现一批仅存器底的残件，也都是胎体厚重的尖圜底器或圆柱底器，部分器形显得瘦高。根据残存部分上大底小的形态，推知原器应为大敞口罐子或杯子一类（图2.26：左）。[1] 图兹拉的制盐陶器属于温查文化（Vinča），这是新石器时代晚期分布在东南欧和中欧部分地区的史前文化，年代为公元前5700—前4500年。此外，这里还发现有年代比温查文化更早的克勒什（Körös）文化的制盐陶器，但器类仅发现敞口平底圈足碗一种（图2.27）。

在罗马尼亚的库库廷－特里波里（Cucuteni-Tripolje）文化[2] B区SIII出土一组制盐陶器，造型均为豆形器，素面无纹。器物上半部为敞口碗或杯子的造型，器口部位胎体稍薄，下半部接不太高的亚腰柱状柄足。也有的将碗或杯状尖圜底器直接坐在一个圆盘形的底座上（图2.26：中上）。库库廷－

---

[1] Benac, Alojz. Neke karakteristike neolitskih naselja u Bosni i Hercegovini (De certaines caracteristiques des agglomerations neolithiques en Bosnie-Herzegovine). In Naseljavanje i Naselja u Praistoriji（Installations et agglomerations à l'epoque prehistorique,10. Kongresu arheologa Jugoslavije, Prilep 1976）. Materijali, vol. 14. Beograd: Savez arheoloških društava Jugoslavije, 1978: 15-26.

[2] Rassamakin, Yuri. The Eneolithic of the Black Sea Steppe：dynamics of cultural and economic development 4500-2300BC. In Levine, Marsha, Yuri Rassamakin, Aleksandr Kislenko, and Nataliya Tatarintseva (eds.) Late prehistoric exploitation of the Eurasian Steppe. Cambridge: University of Cambridge, 1999:59-82; Дятелегин. К Вопросу отипологийхронологий и кульдурной принадлежности с кипетров метрого века Юго-Восточной и Восточной Европы. In М. Ю. Відейко, Н. Б. Бурдо (Ред.) Енциклопедія Трипільської цивілізації (В двох томах). Київ, 2000; Енциклопедія Трипільської цивілізації,Редакційна колегія першово тому,М. Ю. Відейко, Н. Б. Бурдо, Видания здійснене за підтримки,Корпорації,"Індустріальна спілка Донбасу",ЗАТ "Петроімпекс". В двох томах. Київ, 2004.

特里波里文化是个跨越新石器时代和红铜时代的史前文化，主要分布在今天的罗马尼亚和摩尔多瓦，年代为公元前5500—前2750年。这批制盐陶器所在地层的年代为公元前4000年前。

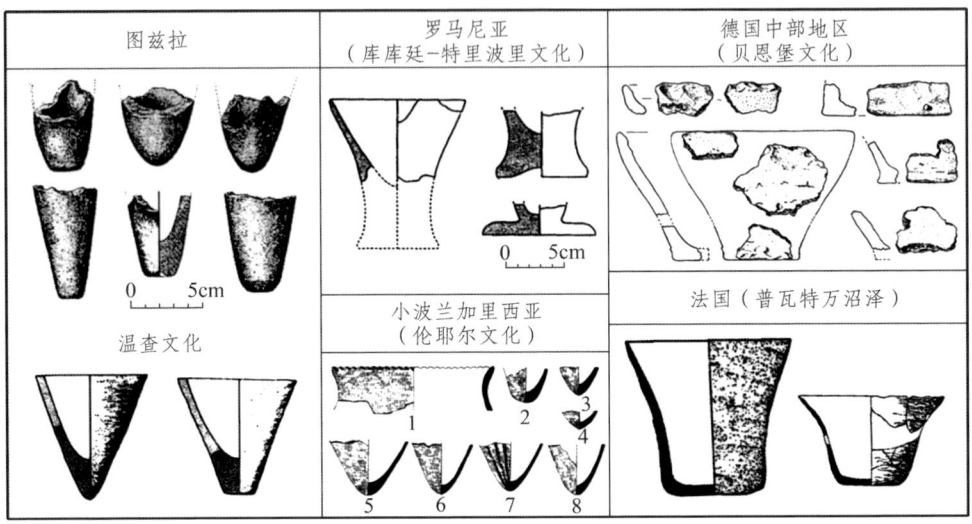

图2.26 欧洲发现的早期制盐陶器

在波兰南部小波兰（Malo Polska）省东南部加里西亚（Galicja）的巴雷奇河畔，出土一批制盐陶器残件，其造型全部为胎体厚重的尖圜底器或尖底器的下半部。陶胎也呈上部较薄、底部厚重的结构，其性质属伦耶尔（Lengyel）文化。[①]该文化的年代上限为公元前4600—前4200年，下限为公元前3000年，属新石器时代晚期。也有学者认为，最早的制盐陶器发现在波兰东南部的加里西亚，年代为公元前五千纪中叶，有两种形态，即敞口或圆锥形的大口杯（罐）子（图2.26：中下）。[②]

在德国中部的贝恩堡（Bernburg）文化遗址发现一批制盐陶器残件。个别能复原的器物主要是假圈足碗，特点为大口，下腹部稍内敛，器底略小，呈假圈足状（图2.26：右上，另参见图2.27）。另在法国西部沿海旺代省

---

① Jodlowski, Antoni. Eksploatacja soli na terenie Malopolski w pradziejach i we wczesnym średniowieczu (Die Salzgewinnung in Kleinpolen in urgeschichtlichen Zeiten und im frühen Mittelalter). Studia i materialy do dziejów żup solnych w Polsce. Wieliczka: Muzeum Żup Krakowskich, 1971, 4.
② Jodlowski, Antoni. Die Salzgewinnung auf polnischem Boden in vorgeschichtlicher Zeit und im frühen Mittelalter. Jahresschrift für Mitteldeutsche Vorgeschichte, 1977, 61: 85-103.

普瓦特万（Poitevin）的马莱（Marais）遗址出土较完整的制盐陶器。造型分两种，一种为大敞口杯，腹部内敛，小平底，器口至上半部胎体略薄，下半部陶胎加厚。口径约8厘米、高10余厘米；另一种将口缘捏塑出花边，大敞口，腹部内敛，平底，形似深腹盆状，上半部至器口胎体略薄，下半部胎体加厚，口径14厘米、器高12厘米上下（图2.26：右上）。① 以上两处遗址的年代为公元前3200—前2800年，属于新石器时代晚期。②

中欧及内陆地区新石器时代最常见的制盐方法是用陶器蒸煮卤水。制盐陶器的特点是质地粗、胎体较厚，经低温烧制。器表通常呈微红色，没有精细加工。此类陶器发现时大部分已成碎片。制盐陶器组合包括下部支撑的底座和上部制盐容器两部分，陶器形态和组合有明显的地域和年代差异。

有学者对中欧地区新石器时代的制盐陶器做了深入的复原研究。其中，在波斯尼亚和黑塞哥维那发现的制盐陶器共有五种，属于克勒什文化的制盐陶器仅有敞口平底假圈足碗，属于温查文化的制盐陶器有四种，包括大口尖底杯、大口小平底杯、大口圜底小罐和大口凹底杯。在小波兰加里西亚属于伦耶尔文化的制盐陶器有三种，即大敞口圜底钵、大口尖底杯和大敞口尖底罐。属于漏斗颈陶（Trichterbecher）文化和巴登（Badener）文化的制盐陶器有四种，即敞口平底圈足碗、大口小平底杯、花边附加堆纹口瘦腹罐和花边附加堆纹喇叭口罐，后三种器物表面有竖列的宽条纹。在萨勒河中游的贝恩堡文化仅有一种制盐陶器，即敞口的假圈足小碗。在黑森，瓦尔特堡类型（Wartburg Gruppe）的制盐陶器也仅有一种，即大喇叭口的平底碗（图2.27）。

这一时期，在德国中部还发现有长方形浅盘状制盐陶器，器形较大，腹部较浅，大平底。此类器皿的下部需要用柱状陶支脚支撑（见后图2.30：4）。有学者将这类陶器定在年代稍晚的青铜时代早期，或许这类制盐陶器的使用是在新石器时代末期到青铜时代早期。也有德国学者将青铜时代早期德国中部的制盐陶器描述为椭圆形柱槽，③ 或将贝恩堡文化（公元前四千纪末）的碟状制盐陶器描述为在萨勒河谷的哈雷遗址附近发现的所谓"碟状足扁酒

---

① Joussaume, Roger. Champ-Durand à Nieul-surl'Autize (Vendée). Site préhistorique fortifié. Bulletin du Groupe Vendéen d'Études Préhistoriques,1979,1: 15-37; Cassen, S.. Le Centre-Ouest de la France au IV millénaire avant J.-C. Bristish archaeological reports, International Series 342, Oxford, 1987.
② 也有一说，贝恩堡文化的绝对年代为公元前四千纪末。
③ Matthias, Waldemar. Das mitteldeutsche briquetage: formen, verbreitung und verwendung. Jahresschrift für mitteldeutsche Vorgeschichte, 1961, 45: 119-225; Die salzproduktion: ein bedeutender faktor in der wirtschaft der frühbronzezeitlichen bevölkerung an der mittleren Saale. Jahresschrift für Mitteldeutsche Vorgeschichte, 1976, 60: 373–394; Riehm, Karl. Eine Vierbuckel-Tonstütze aus dem bronzezeitlichen Salzsiedergebiet am Giebichenstein bei Halle. Ausgrabungen und Funde, 1984, 29: 177; Simon, Klaus. Zur Datierung des säulenförmigen Briquetages im Saalegebiet. Jahresschrift für Mitteldeutsche Vorgeschichte,1985, 68: 263–277.

杯"①。总之，中欧地区采用陶器制盐的辉煌时代是在青铜时代晚期到前罗马时期的铁器时代。

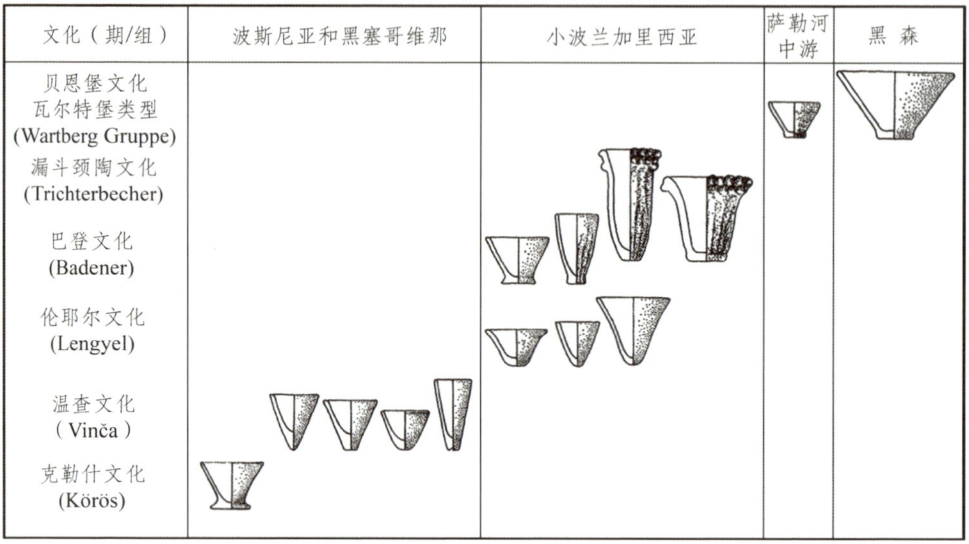

文化（期/组）	波斯尼亚和黑塞哥维那	小波兰加里西亚	萨勒河中游	黑森
贝恩堡文化 瓦尔特堡类型 (Wartberg Gruppe)				
漏斗颈陶文化 (Trichterbecher)				
巴登文化 (Badener)				
伦耶尔文化 (Lengyel)				
温查文化 (Vinča)				
克勒什文化 (Körös)				

图2.27 欧洲中部新石器时代不同区域的制盐陶器形态

二、青铜时代—铁器时代

进入青铜时代以后，中欧及内陆地区的制盐陶器进入繁荣阶段，特别是在青铜时代晚期到铁器时代。在小波兰的加里西亚，青铜时代晚期的制盐陶器主要为带矮圈足的杯子，特点是器形瘦高，大致分两种：一种为敛口，鼓腹，下接低矮圈足；另一种为喇叭口，斜直腹，下接矮圈足（图2.28；图2.30：2）。还有一种为器形较大的深腹罐，侈口、鼓腹、平底。但此类陶器究竟是制盐的还是储存盐的，还不十分清楚，估计后者的可能性较大。②

中欧地区青铜时代的制盐陶器主要见于中晚期。其中，在德国中部发现的制盐陶器形态较多，可分两大类，第一类为单体器。第一种为豆形杯的造型，器物上半部为喇叭口杯，深度占整个器物高度的1/2，器内圜底，下半部为柱状实足。第二种为圆锥状尖底器，器形瘦高，喇叭口，器内尖底，深

---

① Müller, Detlef W.. Neolithisches Briquetage von der mittleren Saale. Jahresschrift für Mitteldeutsche Vorgeschichte, 1987, 70: 135-154;Die Kochsalzgewinnung in der Urgeschichte des Mittelelbe-Saale-Raumes. In Gediga, B. (ed.). Surowce mineralne w pradziejach i we wczesnym średniowieczu Europy Środkowej.1988：91-105. Zakład Narodowy im. Ossolińskich. 这些制盐陶器碎片已做过化学分析。

② Jodłowski, Antoni. Die Salzgewinnung auf polnischem Boden in vorgeschichtlicher Zeit und im frühen Mittelalter. Jahresschrift für Mitteldeutsche Vorgeschichte, 1977, 61: 85-103.